Bücherwürmer wissen mehr

Dieses Projekt zur Lese-Verständnis-Förderung von Rotary International und Inner Wheel wird von den Rotary-Clubs und den Inner Wheel-Clubs in den deutschen Distrikten finanziert.

W0364419

Für ______________________

Toll, dass du mitgemacht hast!
Und was liest du jetzt?

Rotary ist eine Organisation aus führenden Geschäfts- und Berufsleuten, die sich dem Dienste am Mitmenschen widmen, hohe ethische Grundsätze in allen Berufen fördern und für die Verbreitung des guten Willens und des Friedens in der Welt wirken.

Das Projekt wird außerdem unterstützt vom BVK Buch Verlag Kempen.

Zu diesem Taschenbuch ist folgendes Material erhältlich:

- Literaturprojekt zu „Briefe von Hans“
  (Best.-Nr.: LP131, ISBN 978-3-86740-623-9)

Außerdem im BVK Buch Verlag Kempen von Susanna Maibaum erschienen:

- Taschenbuch „Davids Geschichte“
  (Best.-Nr.: LI78, ISBN 978-3-86740-518-8)
- Literaturprojekt zu „Davids Geschichte“
  (Best.-Nr.: LP115, ISBN 978-3-86740-519-5)

Bibliografische Information der Deutschen Bibliothek
Die Deutsche Bibliothek verzeichnet diese Publikation in der Deutschen Nationalbibliografie; detaillierte bibliografische Daten sind im Internet über http://dnb.ddb.de abrufbar.

www.buchverlagkempen.de

2. Auflage, Kempen 2018

Nach der neuen deutschen Rechtschreibung

Lektorat: Ilka Bonten-Löwenhag, BVK
Umschlaggestaltung: Katrin Koepchen, BVK, unter Verwendung der Fotos: © Preto Perola / Shutterstock.com (Briefe), © pashabo / Shutterstock.com (Hintergrund)
Gestaltung: Katrin Koepchen, BVK
Fotos Layout: © LiliGraphie / Shutterstock.com (Füller), © NotarYES / Shutterstock.com (Füller und Brief), © siamionau pavel / Shutterstock.com (Schreibmaschine)
Druck / Bindung: GrafikMediaProduktionsmanagement GmbH, D-Köln

Printed in Europe

Best.-Nr.: LI92, ISBN 978-3-86740-622-2

Susanna Maibaum

Briefe von Hans

„Erde zu Erde, Asche zu Asche, Staub zu Staub." Der Pfarrer ergriff die kleine Schaufel, die neben dem Grab in einem Sandhaufen steckte, nahm ein wenig Erde auf und schüttete dreimal davon in das offene Grab, während er sprach. Tom beobachtete ihn und merkte, dass der Pfarrer darauf achtete, dass er nicht zu viel Erde auf einmal hineinschüttete, damit auch beim dritten Mal noch Erde auf der Schippe lag. Es gelang ihm und Tom meinte, ein leichtes Gefühl der Zufriedenheit auf seinem Gesicht zu erkennen.
Während die Trauerzeremonie weiterging, konnte Tom nur mit Mühe ein Gähnen unterdrücken. Seine 15-jährige Zwillingsschwester Sophia merkte das und sah ihn tadelnd an. Tom verzog entschuldigend das Gesicht. Sicher, es war die Beerdigung von seinem Uropa Heinrich, der total alt geworden war, aber was hatte er noch mit ihm zu tun gehabt? Tom und Sophia kannten ihn nur kränkelnd und nörgelig in seinem Rollstuhl sitzend. Die Sonntagnachmittage, an denen sie mit ihren Eltern zu Heinrich fuhren, um ihn zu besuchen, waren immer schrecklich langweilig gewesen. Ehrlich gesagt war es Tom also ziemlich egal, dass er nun tot war.

Die Trauergemeinde, die sich bei Nieselregen und kühlem Herbstwetter auf dem Friedhof versammelt hatte, war relativ klein. Nur die Zwillinge mit ihren Eltern Annette und Stefan sowie einige Bewohner aus dem Seniorenheim, in dem Uropa Heinrich zuletzt gelebt hatte, waren gekommen. Mehr Verwandte und Bekannte gab es nicht mehr, auch die Großeltern von Tom und Sophia waren

schon vor einigen Jahren gestorben. Ein kräftiger Windstoß fegte über den Friedhof und ließ alle erschauern. Tom zog fröstelnd die Schultern hoch. *Wann ist diese blöde Beerdigung endlich zu Ende?*, fragte er sich genervt. *Ich will in das Café, von dem Mama vorhin gesprochen hat. Da ist es bestimmt schön warm!*
Jetzt hatte der Pfarrer die Zeremonie beendet und die wenigen Trauergäste traten nacheinander an das Grab, um sich von Heinrich Bärmann zu verabschieden. Toms Mutter weinte leise, während sie ein kleines Sträußchen Blumen ins Grab warf, dann wandte sie sich gemeinsam mit ihrem Mann zum Gehen. Sophia und Tom traten nun auch an das offene Grab und blickten hinunter. Da lag die Erde, die der Pfarrer auf den Sarg geschüttet hatte. Nass, krümelig und irgendwie störend auf dem schönen Blumengesteck, das man auf dem Sarg drapiert hatte. Die Zwillinge warfen ihre kleinen Blumensträuße ins Grab.
„Tschüss, Uropa", sagte Sophia leise.
Tom sagte gar nichts. Ihm knurrte der Magen.

Gleich am nächsten Tag begannen sie, die ganzen Sachen von Uropa Heinrich, die sie aus dem Seniorenheim geholt hatten, durchzusehen. Dann wollten sie entscheiden, was sie noch behalten wollten, was man wegwerfen oder einer Hilfsorganisation spenden könnte. Viel war es nicht mehr. Sophia fand es traurig, wie wenig nur noch von einem Menschen blieb, der so lange gelebt hatte. Auch an Möbeln gab es neben Heinrichs Lieblingssessel nur noch einen Nachttisch und ein kleines Bücherregal.
„Und – was sollen wir jetzt machen?", fragte Tom lustlos.

Er hatte wenig Interesse daran, in den alten Sachen zu wühlen. Seine Mutter Annette hatte kein Mitleid mit ihm. „Ihr beide seht euch mal den Inhalt von diesen sechs Kartons an. Müll kommt hier in diese Tüte“, sie gab ihm einen blauen Plastiksack, „was ihr behalten wollt, legt ihr auf einen Haufen und was wir spenden können – ob es jetzt Bilder sind oder Bücher oder sonst was – legt ihr auf den Esstisch. Papa und ich sehen uns die ganzen Aktenordner an und schauen, was wir noch zu erledigen haben an Versicherungen oder Steuersachen.“
„Nur Mut“, grinste Stefan, „du schaffst das schon!“
Tom stöhnte genervt und zog den erstbesten Karton zu sich heran. Sophia zögerte nicht lange und nahm sich einen anderen Karton vor. Sie öffnete ihn und schüttete den ganzen Inhalt kurz entschlossen auf den Wohnzimmerteppich. „Wahnsinn, was Uropa für einen Krempel hatte!“, rief sie. Ihr machte die Sache offensichtlich Spaß. Sie wühlte in dem Haufen von Servietten, kleinen Schnapsgläschen, Zeitschriften, Bildern und Postkarten und begann auszusortieren.
Tom guckte ihr widerstrebend zu und nahm schließlich ein paar Postkarten in die Hand. „Die sind ja total alt!“, meinte er und sah sich die Karten genauer an. „Guck mal, eine Postkarte von 1956! Wie die aussieht!“ Er zog noch eine Karte hervor, drehte sie um und studierte sie. „Die hier ist sogar noch älter, von 1935; aus Nürnberg hat ihm da jemand geschrieben …“ Er versuchte, das Geschriebene zu entziffern, musste aber bald aufgeben. „Die Schrift kann ich gar nicht lesen!“, sagte er enttäuscht und blickte hilfesuchend hoch.

„Zeig mal her!“ Etwas ungeduldig nahm Sophia ihm die Postkarte aus der Hand und betrachtete sie. „Das ist diese alte deutsche Schrift … – wie hieß die noch mal, Papa?“, fragte sie.
Ihr Vater blickte irritiert von seinem Aktenordner hoch. „Was meinst du?“ Er warf einen kurzen Blick auf die Postkarte. „Ach so, jetzt hab ich kapiert. Das ist Sütterlin. Kann ich leider auch nicht lesen.“ Damit vertiefte er sich wieder in seine Akten.

Toms Interesse aber war mit einem Mal geweckt. Er öffnete seinen Karton, blickte hinein und ließ dann auch vorsichtig alles auf den Teppich gleiten. Dabei rutschte auch eine Holzkiste heraus. Sie überschlug sich zwei Mal, bevor sie auf dem Teppich liegenblieb.
Er zog sie mit beiden Händen zu sich heran und legte sie sich auf den Schoß. „Hier, Sophia, guck mal! Was wohl in der alten Kiste drin ist?“
Sophia rutschte auf dem Boden zu ihm. „Mach doch mal auf!“, drängte sie neugierig.
Tom klappte den Deckel hoch und beide blickten hinein. „Oh, Wahnsinn!“ Sie sahen eine Menge vergilbter Umschläge aus dünnem Papier, die ordentlich aufeinander gestapelt und mit einem Bindfaden zusammengebunden waren.
Als Sophia sie herausholte, klapperte etwas in dem Kasten. „Was war das denn?“ fragte sie.
„Keine Ahnung“ – Tom griff erneut in die Kiste und holte einen kleinen Gegenstand heraus, den er ihr unter die Nase hielt. Er sah aus wie eine kleine Taschenuhr mit Deckel.

„Ich glaube, das ist eine Spieluhr!“, rief Sophia aufgeregt. „Woher die wohl kommt? Geht sie noch? Lass mich mal probieren!“ Sie versuchte, ihrem Bruder die Spieluhr aus der Hand zu nehmen.
„Ich will zuerst versuchen!“, rief Tom. Er drückte auf den winzigen Knopf. Der Deckel der Spieluhr sprang auf und ganz leise ertönte eine Melodie, die sie beide gut kannten. Es war die Melodie von dem französischen Kinderlied „Frère Jacques“.
Sophias Mutter blickte überrascht auf. „Was habt ihr denn da?“ Sie kam zu den Zwillingen herüber und hockte sich zu ihnen auf den Teppich.
„Hier, die alte Spieluhr haben wir zusammen mit den Briefen in der Holzkiste gefunden“, sagte Tom und hielt seiner Mutter die Spieluhr hin. „Ob das alles Uropa gehört hat?“
„Komm, wir gucken uns mal die Briefe an!“, schlug Sophia vor und begann, den ersten Brief vorsichtig aus dem Umschlag zu ziehen. Ehrfürchtig faltete sie ihn auseinander und wollte lesen – aber sie musste feststellen, dass sie auch hier die Schrift nicht entziffern konnte. „Wie blöd! Jetzt haben wir hier diese ganzen alten Briefe und können sie nicht lesen. Dabei wüsste ich zu gerne, was da drin steht!“
Annette nahm ihr den Brief aus den Händen, sah ihn sich an und grinste verschmitzt: „Ihr könnt sie vielleicht nicht lesen – aber ich. Opa hat mir nämlich mal die Sütterlin-Schrift beigebracht!“
„Echt, Mama? Respekt!“ Tom sah seine Mutter anerkennend an. „Dann lies mal! Was steht da? Von wem sind die Briefe?“

Ihre Mutter setzte sich bequemer hin und begann, das Geschriebene zu entziffern. Am Ende wurde sie ganz still und blickte nur auf den Brief hinab.
„Und, Mama? Was steht da? Von wem ist der Brief?" Tom sah sie gespannt an.
„Diese Briefe sind offensichtlich von Opas Onkel Hans, der im Ersten Weltkrieg gegen die Franzosen gekämpft hat. Er hat sie an seinen Bruder Friedrich geschrieben, also Opa Heinrichs Vater. Das ist ja unglaublich! Dass wir hier so einen Fund machen, hätte ich nicht gedacht!"
Tom war beeindruckt. Was wohl in den ganzen Briefen stand?
„Und diese kleine Spieluhr? Woher kommt die?", fragte Sophia.
Die Mutter zuckte mit den Schultern. „Keine Ahnung. Aber vielleicht finden wir das ja noch heraus." Sie nahm den Brief wieder zur Hand und las ihn laut vor.

VELTINS

Brautradition seit 1824

3. August 1914

Mein lieber Friedrich!

Was ist der Krieg doch für eine aufregende Sache! Du glaubst gar nicht, was ich in der kurzen Zeit, in der ich von zu Hause fort bin, schon alles erlebt habe!

Schon die Abfahrt am Bahnhof war ein großartiges Ereignis. Na, Du hast ja gesehen, wie wir abgefahren sind! „Weihnachten sind eure Söhne als Sieger wieder daheim!“, rief jemand aus dem vorderen Abteil, und ein anderer hatte „Zum Frühstück nach Paris!“ auf unseren Zug geschrieben. Die ca. sechsstündige Reise Richtung Süd-Westen, die wir zu Hunderten in überfüllten Zügen verbringen mussten, war nun nicht gerade bequem, aber wir haben uns die Zeit, so gut es eben ging, mit Liedern und allerlei Schabernack vertrieben. Dennoch waren wir froh, als wir endlich am Ziel waren und uns die Beine vertreten konnten!

Nun sind wir in einer riesigen Kaserne nahe der französischen Grenze untergebracht und die Vorbereitungen für den ersten Fronteinsatz sind in vollem Gange. Jedermann ist von morgens bis abends auf den Beinen. An was aber auch alles gedacht werden muss!
Wir, von der Infanterie, haben jeder einen Rucksack aus Leder und Fell erhalten, dazu eine Decke, Stiefel, die Uniform und natürlich ein Gewehr! Du müsstest Deinen großen Bruder sehen! Richtig stattlich sehe ich in der Uniform aus!

Die Kavallerie wird zu Pferde dem Feind entgegenreiten, und auch diese müssen natürlich versorgt werden. Es sind große und kräftige Tiere, den Pferden auf dem Hof unserer Großeltern ähnlich, die sicher dazu ausgebildet wurden, furchtlos in den Kampf zu ziehen. Bin ich auch ein Soldat der Infanterie, so habe ich mich doch auch bereit erklärt, bei Bedarf in die Kavallerie zu wechseln. Denn ich kann mich schon einen pferdeverständigen Menschen nennen!

Ich gehöre der sechsten Armee an. Wir sollen nicht erst Belgien durchqueren, sondern gleich in Frankreich einmarschieren. Da zu dieser sechsten Armee natürlich auch die Kavallerie gehört, habe ich wohl gute Chancen, nicht nur als Fußsoldat in den Krieg zu ziehen.

Zu Tausenden werden wir dem Feind entgegentreten, und jeder Einzelne will mit Essen und Trinken versorgt sein, auch schon jetzt, da die Mobilmachung erst anläuft. Unsere besten Freunde sind also die Bäcker und Köche, die, so scheint es, Tag und Nacht Brot backen und kochen, um uns satt zu kriegen. Wie wird die Versorgung wohl an der Front sein?
Natürlich sind auch Sanitäter, Ärzte und Schwestern vor Ort. Du merkst schon durch meine Beschreibungen, hier herrscht ein reges Treiben! Die Stimmung aber ist ganz eigentümlich. Bei jedem spürt man eine kriegerische und entschlossene Aufbruchstimmung – vom kleinen Gefreiten bis hin zum Batallionskommandeur.
Auch wir, meine Kameraden Walter, Otto, Heinrich, Fritz, Hubert, Konrad und ich – wir spüren eine große Ungeduld.

Aber sicher wird es nicht mehr lange dauern, bis das Warten ein Ende hat.

Und wie ergeht es euch zu Hause? Hat sich Mutters Husten gebessert? Jetzt kann ich Großvater gar nicht bei der Ernte zur Hand gehen! Aber Du bist ja auch noch da und nächstes Jahr bin ich sicher wieder dabei!

Der Abend senkt sich langsam über das Quartier, aber die Luft ist immer noch sehr warm und drückend. Sicher bekommen wir heute Nacht noch ein Gewitter. Mir soll es recht sein – dann kühlt die schwüle Luft vielleicht ein wenig ab.

So viel für heute, nun muss ich schließen. Morgen geht es schon in aller Herrgottsfrühe wieder hinaus!

Grüße alle herzlich in der guten Heimat

Dein Bruder

Hans

Während die Mutter den Brief vorlas, hatte es sich der Vater auf dem alten Sessel von Uropa Heinrich bequem gemacht. Alle drei hörten gespannt zu. Als sie geendet hatte, meinte Tom beeindruckt: „Das ist ja echt ein Hammer! Briefe aus dem Ersten Weltkrieg!"
„Ja, wirklich", meinte auch Sophia, „man hört so viel vom Zweiten Weltkrieg, aber vom Ersten … Das ist doch schon so lange her!"
„Haben die Deutschen denn nur gegen die Franzosen gekämpft? Es hieß doch **Welt**krieg. Dann müssen doch eigentlich noch mehr Länder daran beteiligt gewesen sein", meinte Tom.
„Ja", erwiderte der Vater, „die Deutschen kämpften gemeinsam mit Österreich-Ungarn gegen die Russen und die Franzosen."
„Aber wie kam es denn eigentlich zum Ersten Weltkrieg? Da muss es doch irgendeinen Grund gegeben haben", überlegte Sophia.
„Auslöser war das Attentat auf den Erzherzog und österreichischen Thronfolger Franz Ferdinand und seine Frau Sophie in Sarajevo. Dort hatte ein serbischer Gymnasiast die beiden auf offener Straße erschossen. Und nur wenige Wochen später führten die Länder schon Krieg gegeneinander", erklärte die Mutter.
„Und was hatte Deutschland damit zu tun?", fragte Tom. „Wenn der Anschlag doch in Sarajevo war … Wieso führte Deutschland dann einen Krieg? Das versteh ich nicht."
„Das ist auch alles ganz schön kompliziert", gab die Mutter zu. „Dazu müsste man sich, glaube ich, etwas mehr Zeit nehmen."

„Hat denn der Onkel von Uropa Heinrich den Krieg überlebt?“, wollte Sophia wissen.
„Keine Ahnung“, antwortete ihre Mutter, „darüber hat Opa nie mit mir gesprochen. Es hat mich als Kind aber auch nicht sonderlich interessiert, wenn ich ehrlich bin. Ich weiß nur, dass der Vater von Hans und Friedrich Lehrer und sogar Leiter einer Volksschule war. Ihre Mutter hatte meines Wissens keinen Beruf – das war ja auch üblich für eine verheiratete Frau. Die Großeltern hatten einen Bauernhof in einem Dorf in der Nähe der Stadt. Mehr weiß ich leider auch nicht. Aber vielleicht finden wir das ja heraus, wenn wir die Briefe lesen?“
„Ob wir da auch die Briefe von Hans’ Bruder Friedrich finden?“ Tom blätterte kurz den Briefstapel durch: „Das wäre doch besonders spannend.“
„Lasst uns doch hier noch den Kram sortieren und wegräumen und die Briefe später lesen“, schlug Toms Vater vor. „Dann haben wir mehr Zeit und Ruhe. Vielleicht wollen wir ja auch mal im Internet nachsehen, wo denn der alte Hans damals genau an der Front war.“
„Na gut“, seufzte Sophia.
Vorsichtig legte Tom die Briefe und die Spieluhr wieder in die Holzkiste und stand auf. Er nahm sie hoch und sagte: „Ich nehme sie mit in mein Zimmer. Hoffentlich kriegen wir auch raus, was es mit der Spieluhr auf sich hat!“

Erst nach einigen Tagen kamen sie wieder dazu, sich den alten Briefen zu widmen. Tom holte die Holzkiste, die er in seinem Schreibtisch aufbewahrte, und stellte sie vorsichtig auf den Wohnzimmertisch. Die Mutter hatte sich

einen Kaffee gemacht. „So, dann wollen wir doch mal sehen, wie es weitergeht", sagte sie.
„Sollen wir die Briefe nicht erst mal sortieren, bevor du sie liest? Sonst kommen wir ja ganz durcheinander", schlug Sophia vor.
Annette lächelte. „Ich glaube, wenn die Briefe so schön zusammengelegt und mit Bindfaden verschnürt sind, sind sie von Opa längst sortiert worden."
„Ach so, ja, das kann natürlich sein. Aber kurz nachprüfen kann trotzdem nicht schaden!" Sophia holte alle Briefe heraus und prüfte bei jedem gewissenhaft das Datum. Aber ihre Mutter hatte recht: Sie lagen schon sortiert auf dem Stapel.
„Können wir endlich anfangen?", nörgelte Tom. Er stellte die Briefe vorsichtig in der richtigen Reihenfolge in die Holzkiste zurück. Nur den ersten Brief von Hans und den Antwortbrief von Friedrich ließ er auf dem Wohnzimmertisch liegen. „Hier, Mama, du kannst loslegen!" Er schob seiner Mutter den Brief von Friedrich zu.

3. September 1914

Lieber Hans!

Danke für Deinen Brief vom 3. August! Er kam allerdings erst vorgestern hier an. Wie lange wird es wohl dauern, bis Du meinen Brief erhältst? Denn sicher bist Du nun schon an der Front, und da wird es vielleicht nicht so einfach sein, die Post zustellen zu können? Haben eure Kämpfe gegen den Feind schon begonnen? Wo bist Du mit Deinen Kameraden stationiert?

Wie klingt das aufregend in meinen Ohren, was Du da von den Anfängen des Großen Krieges, wie er in der Zeitung schon genannt wird, erzählst! Ich stelle es mir großartig vor und Du bist von Anfang an mit dabei!

Hier zu Hause bekommt man nur wenig mit von den Kriegsereignissen. Du weißt ja, dass nur Müllers, Eberts und Schneiders auf unserer Straße eine Zeitung haben. Viele gehen nun zu ihnen hin und fragen nach, was es denn Neues vom Krieg gibt. Auch ich besuche, wenn es meine Zeit erlaubt, Herbert Müller, und dann darf ich einen Blick in die Zeitung werfen.

Von Schneiders habe ich erfahren, dass schon gleich zu Beginn heftige Schlachten stattgefunden haben. Ja, Deutschland will es ja nicht bei EINEM feindlichen Land belassen! Wir greifen nicht nur Frankreich, sondern zeitgleich auch Russland an! So lesen wir in der Zeitung von einer großen Schlacht bei Tannenberg, die von den Deutschen gewonnen wurde. Wir haben uns alle darüber gefreut und hoffen, dass nun auch Frankreich genauso rasch geschlagen werden kann. Aber von Tannenberg bist Du ja weit weg – Du kämpfst irgendwo in Frankreich für unser Vaterland. Wir hoffen alle auf eine baldige Nachricht von Dir, damit wir wissen, wie es Dir geht und wo Du zurzeit bist.

Ansonsten gibt es hier zu Hause nicht viel Neues. Wenn nicht so viele Männer fehlen würden, bekäme man kaum mit, dass Krieg ist. Alles ist ja weiterhin so friedlich! Nur Berta Hedwig ist im letzten Gottesdienst ohnmächtig geworden – mitten im Vater Unser! Gab das vielleicht eine Aufregung! Jetzt munkelt man, dass sie in anderen Umständen ist. Und Fritz Degerland, der Nachbar von Großvater, weißt Du? Der ist vorgestern in seiner Scheune durch die Heuluke gefallen. Direkt vor seinen besten Zuchtbullen! Der Knecht hat wohl sehr gelacht, Fritz Degerland allerdings musste mit dicken blauen Flecken und einem gebrochenen Arm ins Hospital. Jetzt kann er natürlich nicht so viel tun und der Knecht muss die doppelte Arbeit verrichten. Ob er jetzt immer noch lacht?

Wenn ich doch nur auch schon älter wäre! Dann hätte ich mit Dir in den Krieg ziehen können! Mutter ist allerdings

froh, dass ich mit meinen 14 Jahren noch zu jung zum Kämpfen bin. Außerdem ist es für sie schon arg genug, dass der eine Sohn an der Front ist. Manchmal höre ich sie weinen und beten, und dann wird auch mir ganz schwer ums Herz. Denn auch wenn es ja wahrscheinlich so ist, dass ihr an Weihnachten wieder zu Hause seid, so ist es ja wohl doch gefährlich, gegen die anderen Soldaten zu kämpfen! Sei nur gut auf der Hut, damit Du unseren lieben Eltern (und auch mir) keinen Kummer machst.
Noch heute will ich den Brief in den Postkasten neben der Kirche einwerfen, damit er Dich möglichst schnell erreicht! Liebe Grüße soll ich Dir von den Eltern sagen, die Dir aber auch noch schreiben wollen. Wir sind alle stolz auf Dich, vor allem

Dein

Friedrich

Inzwischen war auch der Vater von Tom und Sophia nach Hause gekommen und hatte das Ende des Briefes noch mithören können.
„War das ein Brief von Hans' Bruder?", fragte er.
„Ja", antwortete Sophia, „das war der Antwortbrief auf den ersten Brief von Hans, den du auch kennst."
Der Vater nahm den Brief in die Hand und betrachtete ihn. „Unglaublich, was für ein Zeitzeugnis wir hier gefunden haben."
„Ist ja alles schön und gut", mischte sich Tom ein. Er wirkte ungeduldig. „Aber wieso kämpfen die Deutschen gegen die Franzosen, wenn in Sarajevo ein österreichischer Thronfolger erschossen wird? Das macht doch überhaupt keinen Sinn!"
„Tja, aus heutiger Zeit kommt einem das tatsächlich wie an den Haaren herbeigezogen vor. Und das Attentat war auch bestimmt nicht der alleinige Grund für den Krieg. Um das alles zu verstehen, müssen wir uns wohl ein bisschen schlau machen." Der Vater stand auf, holte seinen Laptop, startete ihn und tippte dann etwas ein. Kurz danach drehte er ihn so zu Tom und Sophia, dass sie den Bildschirm sehen konnten. Er hatte eine Seite mit einer Europakarte von 1900 aufgerufen. „Hier seht ihr Europa, wie es vor hundert Jahren war. Deutschland war viel größer als heute und Ungarn gehörte zu Österreich. Die beiden Länder waren sozusagen befreundet und nannten sich Mittelmächte. Um diese beiden Länder herum seht ihr Russland, Frankreich, Serbien und England – um nur die Wichtigsten zu nennen. Als nun 1914 das Attentat auf den österreichischen Thronfolger in Sarajevo geschah",

er zeigte auf der Karte die Stelle, wo Sarajevo zu finden war, „fühlte sich Österreich-Ungarn von Serbien angegriffen und provoziert – schließlich hatte ein Serbe Franz Ferdinand erschossen! Deutschland hat daraufhin zugesichert, dass es Österreich-Ungarn unterstützen würde, wenn es zu einer Auseinandersetzung mit Serbien käme. Serbien wiederum hatte Russland als Verbündeten und Russland seinerseits konnte auf Unterstützung von Frankreich hoffen."

Jetzt erzählte die Mutter weiter: „Deutschland und Frankreich waren sich dagegen gar nicht grün; das lag an dem Krieg, den sie im vorletzten Jahrhundert noch miteinander geführt hatten. Diesen Krieg hatte Deutschland 1871 gewonnen und Frankreich musste unter anderem die Gebiete Elsass und Lothringen wieder an Deutschland abgeben, was ihnen natürlich nicht gefiel. Mit diesem Krieg konnten sie also versuchen, sich an Deutschland zu rächen und Elsass-Lothringen wiederzugewinnen."

„Oh je, was für ein Durcheinander!", stöhnte Tom. „Also hat quasi jeder jeden bekämpft, oder wie?"

Der Vater lächelte: „Naja, das nun auch wieder nicht, aber auf den ersten Blick ist das alles sehr verwirrend, das muss ich zugeben."

Die Mutter fiel ihm ins Wort: „Und bedenkt einmal, wie schnell das alles ging: Das Attentat in Sarajevo passierte am 28. Juni, und schon Ende Juli erklärten sich die ersten Länder gegenseitig den Krieg!"

„Und was passierte dann konkret?", fragte Sophia. „So einen Krieg zu führen muss doch irgendwie vorbereitet werden! Es marschieren ja nicht einfach so deutsche

Soldaten nach Frankreich und erschießen französische Soldaten! Da muss man doch sicher ein Heer aufbauen oder so …“

„Ja, du hast recht“, antwortete die Mutter. „Diese Vorbereitungen nannte man ‚Mobilmachung‘. Deutschland in unserem Fall musste die Frage klären, wie viele Soldaten zur Verfügung standen, wo welche Truppen kämpfen sollten, wie man am schnellsten Waffen, Ausrüstung, Munition und auch Lebensmittel organisierte. Aber sollen wir nicht erst einmal weiterlesen? Vielleicht kriegen wir ja in den Briefen Antworten auf unsere Fragen.“

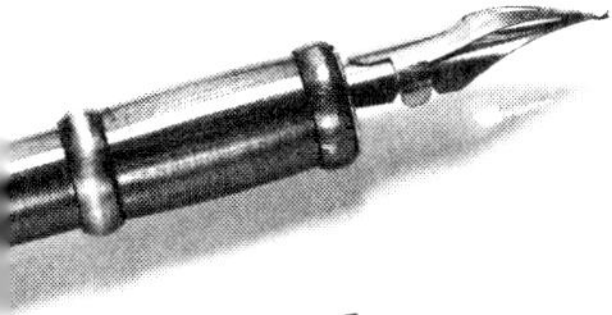

25. September 1914

Lieber Friedrich!

Du kannst Dir nicht vorstellen, wie oft ich Gott dem Herrn dafür danke, dass Du noch zu jung bist, um in den Krieg zu ziehen! Ich könnte es nicht ertragen, Dich hier an der Front zu wissen!
Nach tagelangen erbitterten Kämpfen, die uns an den Rand der totalen Erschöpfung gebracht haben, sind wir nun in einem verlassenen Dorf untergekommen. Die große Schlacht ist gekämpft – und verloren. Aber ich will es Dir der Reihe nach erzählen.

Nachdem wir es zu einem baldigen Aufbruch geschafft hatten, hieß es erst einmal tagelang marschieren. Oft sind wir bis zu 40 Kilometer am Tag gelaufen. Und das mit Rucksack, Gewehr und Proviant … Abends war man so müde, dass man im Stehen hätte einschlafen können. Und dabei diese Hitze! Ich wusste nicht, dass man so durstig sein kann. Es war ja nicht immer möglich, sofort an Wasser zu kommen! Dabei hat nun schon so manch einer die Nerven verloren. So schrie einer unseren Kompaniechef an und fing doch tatsächlich eine Prügelei mit ihm an! Ein anderer hat seinem Kameraden einfach die Wasserflasche weggenommen und ausgetrunken. Um die Mittagszeit war es wirklich fast unerträglich heiß und wenn es ging, machten wir irgendwo Rast und konnten uns eine Stunde ausruhen. Wenn es dann wieder hieß: ‚Es geht weiter' war das Stöhnen und Murren groß.

Aber was half's? Etliche Soldaten kämpften ja schon an vorderster Front und warteten darauf, dass wir sie ablösen!

In diesen großen Kampf an der Marne wurden wir sozusagen automatisch hineingezogen: Plötzlich kam der Befehl zum Angriff und alle gingen mit dem Gewehr im Anschlag in Habachtstellung. Mich überfiel urplötzlich eine Mischung aus Freude und Furcht, aus Anspannung und Aufregung. Endlich ging es los! Endlich konnten wir das tun, wozu wir hierhergekommen waren und all diese Strapazen auf uns genommen hatten. Zu Hunderten rannten wir übers freie Feld, dem Feind direkt entgegen. Schießen, laufen, schießen, laufen. Unser Kompanieführer brüllte Befehle und wir versuchten, diesen so gut es ging nachzukommen. Wenn es möglich war, warfen wir uns hinter eine Erhebung, um uns zu schützen. Viele aber kamen gar nicht so weit. Vor allem die, die ganz vorne liefen, konnten wir wie kleine Zinnsoldaten plötzlich einfach umfallen sehen. Und nicht wieder aufstehen. Es kam mir unwirklich vor. Gerade ist der doch noch gelaufen – wie kann er dann einfach von jetzt auf gleich tot sein? Aber bald hatte ich keine Zeit mehr, mir darüber Gedanken zu machen. Wenn die Kugeln um uns herumpfiffen und einschlugen, war alles andere egal, denn plötzlich ging es um unser eigenes Leben. Und wir rannten und schossen und rannten und schossen. Wir warfen uns hinter Erdwälle und hofften, dass uns keine Kugel trifft. Es war ein riesiges Chaos, ein heilloses, panisches Durcheinander in einem Höllenlärm. Ich spürte die Hitze nicht mehr, ich hörte auf zu denken und hatte nur das Ziel, lebend aus diesem Kampf herauszukommen. Gott sei Dank ist mir das gelungen.

Mir schon, aber einige meiner Kameraden sind nun schon in ihrem allerersten Kampfeinsatz gefallen. Dabei hat doch der Krieg gerade erst begonnen. Und sie starben jetzt schon den Heldentod …

Später, als die Kämpfe aufgehört hatten, wagten wir uns zu unseren getroffenen Kameraden. Wir sahen nach, wer noch lebte und ärztliche Hilfe brauchte und wem man nicht mehr helfen konnte.

Ach, lieber Friedrich, ich hatte ja gedacht, dass mich nichts so leicht umhauen kann, aber dieser Anblick der verwundeten Soldaten geht mir durch Mark und Bein. Es ist kein Anblick, an den ich mich gewöhnen kann, glaube ich.

„Zur Marne! Zur Marne!" Das war unser Ziel. Über die Marne sollten wir es schaffen, dann wäre uns der Sieg so gut wie sicher, hat unser Kompanieführer versichert. Und so zogen wir am nächsten Tag wieder in die Schlacht und kämpften, eisern und verbissen und auch siegessicher. Wir waren ja schließlich in der Überzahl! So ging es einige Tage und Nächte. Denn glaube nicht, dass die Nächte hier zum Ausruhen und Schlafen sind! Nein, vor allem in den ganz frühen Morgenstunden und in den späten Abendstunden, wenn die Dämmerung über das Land zieht, kommt der Befehl zum Angriff.

Eine große Verwirrung traf uns dann aber, als wir feststellen mussten, dass wir nicht mehr nur gegen Franzosen, sondern auch noch gegen Briten kämpfen mussten. Diese hatten sich so schnell es ging von England hierher nach Frankreich begeben und sich so auf die Seite der Franzosen geschlagen – was ja zu erwarten gewesen war. Jetzt waren die Feinde in der Überzahl und das bekam unser Heer zu spüren. Und nach einigen wenigen Tagen kam plötzlich der Befehl zum Rückzug. Wir verstanden das nicht. Was war los? Hatten wir die Schlacht verloren? Immer weiter zogen wir uns zurück, liefen all die vielen Kilometer, die wir uns so mühsam erkämpft hatten, wieder Richtung Osten.

Nun haben wir uns in der Umgebung der Aisne in einem verlassenen Dorf eingerichtet. Wie es mit unserer Kompanie weitergehen wird, wissen wir noch nicht. Über diesen Rückzug und die Niederlage an der Marne sind wir alle sehr enttäuscht, wollen aber die Hoffnung nicht aufgeben. Das sähe deutschen und entschlossenen Soldaten nicht ähnlich! Auch unser Kompanieführer macht uns Mut; sicher bekommen wir bald neue Befehle zum Angriff und dann werden wir es den Franzmännern schon zeigen! So schnell lassen wir uns nicht schlagen!

Aber wie geht es euch? Seid ihr gesund? Was ist mit Berta Hedwig? Sie soll schwanger sein? Das ist ja mal eine Neuigkeit! Ich kenne sie ja ganz gut und habe sie noch im Juni und Juli ein paar Mal getroffen. Sie ist wirklich ein hübsches Mädchen! Sag mir auf jeden Fall, wenn Du weißt, ob sie wirklich schwanger ist.
Wie geht es Fritz Degerland und seinem Arm? Diesen Abschnitt Deines Briefes habe ich meinen Kameraden vorgelesen und wir haben alle sehr gelacht. Wir konnten uns

gut vorstellen, wie der Arme durch die Luke direkt seinem besten Bullen vor die Hufe fällt.
Wie geht es wohl den anderen Familien, deren Männer auch eingezogen wurden? Ich hoffe, dass noch keine Verluste zu beklagen sind.

Sobald wir Neues erfahren, werde ich euch wieder schreiben und ich hoffe sehr, dass ich dann wieder gute Nachrichten für euch habe!

Es grüßt Dich herzlich

Dein Bruder

Hans

26. November 1914

Lieber Friedrich,

ich bin so erschöpft, dass ich kaum den Stift halten kann. Alles tut mir weh, vor allem der Rücken und die Hände. Graben, schaufeln, Erde fortschaffen, das ist alles, was wir im Moment tun. Die Kämpfe sind wohl nicht so erfolgreich, wie die OHL es geplant hat. Wir nehmen nicht immer mehr Land ein, sondern wir müssen uns vor allem vor den Maschinengewehren und Handgranaten der Franzosen schützen. So haben wir seit Wochen die Aufgabe, Gräben zu graben.

Also graben wir. Immer tiefer, immer länger werden diese Gräben. Wenn nur das Wetter dabei nicht so schlecht wäre! Dass es kalt ist, ist um diese Jahreszeit kein Wunder, und beim Graben wird einem ja auch warm, aber der Regen! Nahezu ständig regnet es und wir versinken in den gebauten Gräben im Schlamm. Wasser und Dreck gehen uns bis zu den Knöcheln, seit Tagen konnten wir unsere Stiefel nicht ausziehen und es ist ein furchtbares Gefühl, dauernd nasse Füße in kalten, nassen Stiefeln stecken zu haben! Wenn wir nicht graben, müssen wir Holzstämme und Bretter herschaffen, die aus dem Hinterland zu uns gebracht werden. Damit stützen wir die Gräben ab. Von den Gräben aus kann es auf Leitern gleich ins feindliche Niemandsland gehen. Von dort aus kommen wir aber auch – geschützt durch Holztüren – in unterirdische Kammern, in denen wir schlafen, essen und Briefe schreiben, wie ich es gerade tue. Alles ist eng und kalt, die Uniform ist seit Wochen nicht mehr richtig trocken ge-

worden und auch warme Mahlzeiten sind schwer zu organisieren. Du merkst, mein lieber Bruder, wir machen hier gerade harte Zeiten durch. Der ärgste Feind ist im Moment nicht der Franzose, sondern der Regen. Und auch der Hunger. Wir hoffen nur, dass es der feindlichen Seite genauso mies geht wie uns. Dieser Gedanke gibt uns wieder Mut und Kraft, auszuharren und zu hoffen, dass wenigstens der Regen bald nachlässt.

Ich muss nun aufhören zu schreiben, meine Hand zittert zu sehr. Ich will mich noch ein wenig ausruhen, bevor ich wieder zum Spaten greifen muss. Bitte frag Mutter, ob sie mir noch einmal ein wenig Gebäck oder Kuchen schicken kann. Jetzt bald ist Adventszeit, und hier im Graben merkt man rein gar nichts davon. Ich hoffe, dass wenigstens ihr daheim ein wenig weihnachtliche Stimmung genießen könnt.

Dass wir Weihnachten wieder zu Hause sind – dieser Traum ist ausgeträumt.
Bald werde ich mich wieder melden.

Es grüßt Dich

Dein Bruder

Hans

15. Dezember 1914

Lieber Hans,

ich wusste kaum, was ich den Eltern erzählen sollte, als sie mich fragten, was Du mir geschrieben hast. Ich sagte dann bloß, dass ihr Schützengräben baut, um die Franzosen besser angreifen zu können; damit waren sie zum Glück zufrieden. Was Du da schreibst, klingt ja nicht gerade erfolgversprechend. Auch wir haben hier zu Hause schlechtes Wetter. Ich glaube, ich habe noch nie einen so verregneten Herbst erlebt, aber wir haben wenigstens ein Dach über dem Kopf und ein warmes und trockenes Haus.
Wir können uns zum Glück noch nicht über fehlende Lebensmittel beklagen – dank der guten Ernte, die wir bei den Großeltern einbringen konnten. Aber den Menschen in den Städten geht es nicht so gut wie uns. Da England alle Exporte aus dem Ausland unterbinden konnte, fehlt es an allen Ecken und Enden. Man tröstet die Bevölkerung damit, dass weniger Essen gesünder ist, und dass viele Lebensmittel zu euch Soldaten an die Front gehen, damit ihr stark und gesund bleibt, um die Franzosen und die Russen doch noch zu schlagen.

Deine Bitte um Kuchen und Gebäck habe ich Mutter natürlich sofort weitergegeben; mit Feuereifer fing sie gleich an zu backen. Sie ist ja heilfroh, wenn sie etwas für ihren großen Sohn tun kann. Zudem strickt sie – das kann ich Dir ruhig verraten – an einem weiteren Paar Socken für Dich. Hoffentlich kommst Du mittlerweile aus Deinen Stiefeln wieder raus, damit Deine Füße nicht anfangen zu schimmeln.

Inzwischen kommen auch schon Meldungen über Gefallene, Verwundete oder Vermisste. In jedem Gottesdienst sind wieder neue Tote zu beklagen. So hat sich der Freudentaumel bei uns innerhalb weniger Wochen sehr in Schrecken und Angst verwandelt. Man hofft nur noch, dass ihr an der Front nicht zu sehr leiden müsst unter den Bedingungen, in denen ihr dort lebt, und dass der Krieg bald vorbei ist. Offensichtlich müssen viele den Helden- und Märtyrertod sterben, bevor Deutschland als Sieger aus diesem Krieg hervorgehen kann.

Wir alle beten für Dich und Deine Kameraden und hoffen sehr, dass Du nicht verwundet wirst. Oder Schlimmeres – aber darüber wage ich gar nicht nachzudenken.
Vielleicht kannst Du ja mal Heimaturlaub bekommen? Der Vater von Hubert war auch schon mal für zwei Wochen daheim, dann muss das doch auch für Dich möglich sein!?
Auf ein baldiges Wiedersehen hofft

Dein

Friedrich

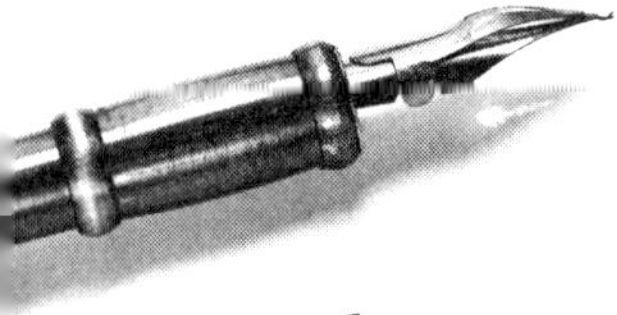

23. Dezember 1914

Lieber Friedrich,

wie schmerzt es mich, dieses Jahr an Weihnachten nicht zu Hause zu sein! Stattdessen sitzen wir hier regelrecht fest. Trotz – oder gerade wegen – heftiger Kämpfe und hoher Verluste geht es nicht vorwärts. Die Gräben aber werden immer weiter ausgebaut – in die Länge und auch in die Tiefe und Breite. Wir haben hier mittlerweile ein ziemlich ausgeklügeltes Grabensystem: drei parallel zueinander verlaufende Gräben, die mehrere hundert Meter voneinander getrennt sind. Vom vordersten Graben aus geht es direkt ins Niemandsland, in dem die verlustreichen (auf beiden Seiten!) Kämpfe toben. Von diesen Gräben gelangt man durch Tunnel oder quer verlaufende Gräben in ein mittleres Grabensystem, in dem wir sozusagen „wohnen“. Hier schlafen wir, wenn wir überhaupt zum Schlafen kommen, hier essen und trinken wir, hier können Befehle per Funk angenommen und weitergegeben werden. Hierher kommen auch die Boten und Kuriere, die Lebensmittel oder Nachrichten und auch die immer heiß ersehnte Post bringen.

Von hier aus geht es durch weitere Tunnel und Gräben noch tiefer zurück ins Hinterland. Dort ist man nahezu sicher. Hier ist die Feldküche, hier wird unser Brot gebacken, hier ist das Lazarett, das leider immer gut gefüllt ist. Auch ich kam schon einmal in den zweifelhaften Genuss, dorthin zu müssen, weil ich durch einen Streifschuss eine Fleischwunde

am linken Arm erlitten hatte. Es war sehr erschreckend und verstörend, dort all diese zum Teil schwer verletzten Kameraden liegen und leiden zu sehen. Aus allen Ecken und Enden hörte ich es stöhnen und schreien, wimmern und beten. Die so tüchtigen und tapferen Krankenschwestern kommen mit ihrer Arbeit kaum nach. Überall ist es kalt und ungemütlich, unheilvoll und, ja, auch dreckig. Wie war ich froh, als ich nach kurzer Behandlung an meinem Arm wieder zurück in den zweiten Graben gehen durfte! Gebe Gott, dass ich nicht noch einmal in dieses Lazarett muss, womöglich schwer verletzt, sodass ich auch einer von diesen armen Hunden sein müsste, die dort von aller Welt verlassen auf Strohsäcken liegen, die man sich mit den Ratten teilen muss.
Überhaupt – die Ratten! Von denen wimmelt es hier! Aus allen Ecken kommen sie gekrochen und kennen keine Scheu! Sie kriechen in unsere Kleider, sie huschen durch unsere Schlaflager, sie fressen unser Essen, sie knabbern an allem, was ihnen in die Quere kommt. Überall knistert, raschelt und huscht es. Ekelhaft! Manchmal kriegen wir einfach zu viel, und dann hauen wir mit unseren Spaten auf sie drauf, bis alle platt auf dem Boden liegen. Leider kriegt man nie alle zu fassen und so sind nach wenigen Tagen schon wieder neue da. Erich, mein Kamerad, meinte, man sollte sie einfach aufspießen und über dem Feuer rösten, aber bis es so weit ist …

In den letzten Wochen war ich viel mit dem Bau der Tunnel und Gräben beschäftigt. So musste ich nicht so viele Kampfeinsätze machen und erfreue mich weiterhin – abgesehen von der Schussverletzung am linken Arm, die aber auch wieder verheilt ist – guter Gesundheit.

Ich danke euch allen sehr für das liebevoll gepackte Weihnachtspaket, das gestern – zum Glück pünktlich! – hier eintraf. Viele von uns haben Pakete bekommen und so manch einer bekam wässrige Augen, wenn er sein Paket aufmachte und sah, was aus der Heimat an guten Dingen geschickt wurde: Kuchen und Plätzchen, Fotos, Briefe und Karten, selbstgemalte Bilder der Kinder. Wie wird es wohl morgen Abend werden, wenn wir daran denken müssen, dass nun eigentlich Zeit wäre, in die Kirche zu gehen, in der guten Stube einen Weihnachtsbaum zu bewundern, mit der Familie Lieder zu singen und bei wohliger Wärme ein Festmahl zu genießen? Auf all das müssen wir dieses Jahr verzichten – dementsprechend ist die Stimmung unter uns Kameraden ziemlich gedrückt. Es wäre sicher kein Vergnügen, morgen anstatt einen Weihnachtsgottesdienst zu besuchen, mit Maschinengewehren auf Franzosen zu schießen. Aber von oben hat es noch keine Meldungen gegeben, dass am Heiligen Abend irgendetwas anderes getan wird als an allen bisherigen Tagen.

So schließe ich jetzt mit schwerem Herzen diesen Brief – meinen Weihnachtsgruß an euch, den ich vorletzte Woche schon abschickte, werdet ihr hoffentlich erhalten haben.
Seid gewiss, dass ich morgen mehr als sonst an euch denken werde, in der Hoffnung, dass wir nächstes Jahr Weihnachten wieder in Frieden zu Hause beisammen sind.

Dein

Hans

27. Dezember 1914

Lieber Hans,

noch nie haben wir hier ein so trauriges und stilles Weihnachtsfest erlebt. Naja, „Fest“ kann man das kaum nennen. Die Kirche war am Heiligen Abend zwar bis zum letzten Platz besetzt, aber von der Vorfreude und Weihnachtsstimmung war nichts zu spüren. Selbst die Kinder saßen still und betrübt neben ihren Müttern. (Väter und Söhne sind ja nicht mehr so viele da, nach und nach werden immer mehr von ihnen eingezogen. Mutter ist sehr froh darüber, dass Vater schon so alt ist, dass er kaum Gefahr läuft, noch in den Krieg ziehen zu müssen.) Keines der Kinder rannte aufgeregt zur Krippe oder zum Altar, wie sie es sonst immer tun. Der Gesang war auch eher dürftig, dafür wurde umso inbrünstiger gebetet.

So traurig, wie der Heilige Abend mit dem Gottesdienst begonnen hatte, so traurig ging er auch weiter. Dein Platz am Esstisch blieb – wie nun ja schon seit fast fünf Monaten – leer, Mutter weinte immer wieder, vor allem, als Vater Deine Karte vorlas. „Wenn er doch wiederkäme!“, sagte sie immer wieder unter Tränen. Viele Worte zum Trost hatten wir nicht. Wie hast Du wohl den Heiligen Abend erlebt? In der Zeitung konnten wir lesen, dass ihr sogar vom Kaiser Geschenke bekommen habt!? Ich habe von den Eltern ein neues Taschenmesser bekommen. Mein altes war mir im Spätsommer in die Jauchegrube gefallen …

Fritz Degerland ist übrigens wieder ganz gesund, und Berta Hedwig ist tatsächlich schwanger. Leider weiß ich noch nicht, von wem. Aber ich werde es noch rauskriegen! Ihre Eltern sind jedenfalls alles andere als erfreut über den kleinen Bastard. Für die arme Berta ist die Lage nicht besonders toll. Naja, vielleicht findet sich ja noch der dazugehörige Vater und es gibt doch noch eine Hochzeit? Es kann natürlich auch sein, dass dieser schon an der Front ist. Berta jedenfalls schweigt dazu. Aber als ich sie letztens in der Kirche traf, hat sie mich nach dem Gottesdienst angesprochen und gesagt, ich solle dich von ihr grüßen und ob es eine Feldadresse von Dir gäbe. Soll ich ihr Deine Adresse geben? Ich hab ihr gesagt, ich werde Dich fragen, was ich hiermit tue. Ich wusste gar nicht, dass ihr so befreundet seid.

Ich hoffe, Du bleibst gesund und unverletzt und kannst es den Franzosen richtig zeigen. Hast Du etwas wegen Urlaub herausfinden können? Das wäre doch wirklich eine Freude!

Dein

Friedrich

31. Dezember 1914

Lieber Friedrich!

Jetzt donnern wieder die Kanonen, jetzt prasselt das Maschinengewehrfeuer wieder auf den Feind, jetzt schlagen wieder Raketen ein, dass der ganze Erdboden zittert. Aber – ob Du es glaubst oder nicht – an Weihnachten blieb alles still! Alles still!

Es war so unglaublich, so überwältigend, dass ich noch im Nachhinein eine Gänsehaut bekomme, wenn ich daran denke. Wie es zu dem gegenseitigen, einvernehmlichen Waffenstillstand gekommen ist, kann keiner so genau sagen. Es war wohl für alle Seiten ein Gefühl der Unmöglichkeit, an Weihnachten zu schießen und zu kämpfen.

Es schoss einfach keiner mehr. Wir konnten es zuerst gar nicht glauben, wagten es schließlich aber doch, die Köpfe über die Gräben hinwegzuheben. Da der feindliche Schützengraben gar nicht so weit entfernt war, konnten wir sehen, dass die Franzosen (und Engländer) ebenso neugierig wie ungläubig zu uns herüber sahen. Plötzlich winkten einige von uns einfach. Ich hielt die Luft an. Wie konnten sie einfach winken?! Das waren unsere Feinde, sie wollten uns töten und wir wollten ihr Land einnehmen! Aber mit großem Erstaunen sah ich, dass sie zurückwinkten. Jetzt riefen sie etwas, das ich nicht verstehen konnte. Und dann brach es auch aus mir heraus. „Hallo!", schrie ich. „Hallo! Wir haben Weihnachten!" „Oui oui!", schrie ein anderer von drüben zurück – und „Bon Noël!".

Wir hatten von der OHL kleine Tannenbäume überbracht bekommen, die stellten wir auf; ebenso ganz viele Kerzen, alle entlang des Schützengrabens.
Inzwischen war kein Halten mehr. Wir alle – Deutsche wie Franzosen und Engländer – winkten und lachten, riefen und johlten. „Kommt, wir gehen mal rüber!“, schlug Herbert plötzlich vor. Schon stand er auf der Leiter. „Bist Du verrückt?“, rief ich. „Wenn die Dich erschießen?“ „Ach was, heute doch nicht!“, rief Herbert übermütig.
Mein Gott, wie der strahlte! Wie erlöst, wie befreit.
„Ich nehm einfach Zigaretten und Schnaps mit, dann schießen sie schon nicht!“
Wie mutig er war. Ich hätte mich das nicht getraut! Als er aus dem Graben raus war, hob er die Hände über seinen Kopf; rechts eine Flasche Schnaps, links eine Schachtel Zigaretten, gut sichtbar. „Hey“, hat er gebrüllt, „bei uns in Deutschland schenkt man sich an Weihnachten was. Wie ist das bei euch Käsefressern?“
Ich hielt die Luft an. Wie konnte er so frech sein? Jeden Moment rechnete ich damit, dass er erschossen werden würde. Aber das Gegenteil geschah. Nun kamen auch französische Soldaten aus ihren Gräben hervor und gingen ihrerseits auf Herbert zu. Auch sie hatten Zigaretten und Flaschen in der Hand. Sie grinsten und sagten etwas auf Französisch, das ich nicht verstand. Als wir merkten, dass Herbert nichts geschehen würde, wurden wir alle mutig. Ja, auch ich! Wir griffen, was wir an kleinen Geschenken entbehren konnten und gingen auf die Franzosen zu. Wie jung die meisten von ihnen noch waren! Naja, wir waren ja auch nicht gerade älter. Es waren wirklich Männer wie du und ich, Friedrich,

und hätten sie nicht eine andere Uniform angehabt, hätte man nicht unterscheiden können, wer Franzose und wer Deutscher ist. Wir schüttelten uns die Hände, übergaben Geschenke, tauschten Zigaretten und rauchten zusammen. In einem Kauderwelsch aus Französisch und Deutsch und Englisch erzählten wir uns, woher wir kamen, wie wir hießen und erzählten von unseren Frauen, Mädchen und Kindern.

Es war wie ein Rausch, Friedrich, wie ein Zauber, der uns alle ergriffen hatte. Es war so ein wunderbares Gefühl des Befreitseins. Wir standen zusammen unter dem winterlichen Sternenhimmel und fühlten eine große Freiheit. Es hätte ewig so weitergehen können! Zugegeben – der Schnaps tat sein Übriges, dass wir immer übermütiger wurden. Wir sangen sogar zusammen „Stille Nacht, Heilige Nacht" – auf Französisch, auf Englisch und auf Deutsch!
Dabei stand ein französischer Soldat neben mir, der etwa so alt war wie ich und Henri hieß, wie sich später herausstellte. Er konnte ganz gut Deutsch sprechen, weil seine Großmutter eine Deutsche war. Auch er kommt von einem Bauernhof, auf dem sie aber vor allem Geflügel und Schweine halten. Er hatte eine sehr schöne Stimme und sang sogar die zweite Stimme! Später hat er erzählt, dass er im Kirchenchor in seinem Heimatdorf singt. Dann sangen wir noch „Frère Jaques" und „Sur le pont d'Avignon", die Lieder kannten wir ja auch aus der Schule. Du hast sie doch sicher auch schon bei Lehrer Brandt gelernt, oder? Aber ob man jetzt den deutschen Schülern noch französische Lieder beibringt?
Ach, Friedrich, noch einen Tag vorher hätte ich nicht gedacht, dass ich mich am Heiligen Abend so glücklich fühlen

würde! Doch je später es wurde, desto trauriger wurde ich. Wir hatten alles um uns herum vergessen – dass wir Feinde waren, dass Krieg herrschte, dass es eigentlich ein Ding der Unmöglichkeit war, dass wir hier wie Freunde zusammenstanden, rauchten, Geschenke austauschten und uns aus unserem Leben erzählten. Und Henri war so nett, so „normal" – wie konnte er mein Feind sein?

Nach und nach verstummten die Gespräche und das übermütige Gelächter. Es schien ein bisschen so, als würden wir alle aus einem schönen Traum erwachen. Manch einer schüttelte, ein wenig fassungslos, den Kopf. Schließlich griffen unsere Kompanieführer ein und schickten uns wieder in unsere Katakomben.

Als ich dann auf meiner Strohpritsche lag, überlegte ich noch, wie es wohl am nächsten Morgen werden würde, aber dabei schlief ich auch schon ein.

Ich sag Dir, so fest und gut habe ich schon seit Monaten nicht mehr geschlafen. Und am nächsten Morgen ging unser „heimlicher Friede", wie wir ihn nannten, einfach weiter. Wir trafen uns mit den Franzosen und Engländern wieder mitten im Niemandsland. Einer von ihnen hatte sogar einen Fußball dabei und wir spielten wie die Jungs auf dem Pausenhof Fußball – erst England gegen Deutschland, dann Frankreich gegen Deutschland und danach sogar noch Frankreich gegen England! Auch ich habe gegen England ein Tor geschossen, worauf Henri zu mir kam und mir begeistert auf die Schulter klopfte.

Es muss wohl an mehreren Orten entlang der Front solch einen heimlichen Frieden gegeben haben, denn nach zwei

Tagen kam eine Meldung von der OHL, dass sämtliche Kämpfe unverzüglich wieder aufzunehmen seien. Unser Kompanieführer hat ganz schön Ärger bekommen und er stauchte uns auch ordentlich zusammen: Wir hätten kein Recht, darüber zu entscheiden, ob ein Befehl auszuführen sei oder nicht. Befehl sei Befehl!
So mussten wir uns fügen. In der aufziehenden Dämmerung wurden auf einmal drei Schüsse abgefeuert – da mussten wir wieder kämpfen. Frag mich bitte nicht, wie es mir dabei erging! Ich musste mich zwingen, nicht an Henri zu denken, aber ich kann nicht leugnen, dass sein Bild immer wieder vor meinem geistigen Auge auftauchte. „Hoffentlich passiert ihm nichts!", das denke ich nun immer wieder.

Ja, und nun schießen und kämpfen und überleben wir hier, als hätte es diesen heimlichen Frieden nie gegeben. Aber es HAT ihn gegeben, und das gibt mir irgendwie Hoffnung. Und das Wissen, dass es in all diesem Wahnsinn, den wir hier erleben, doch noch Menschlichkeit gibt.
Morgen beginnt das neue Jahr: 1915. Möge es uns den ersehnten Frieden bringen!

Dein

Hans

PS: Natürlich kannst du Berta Hedwig meine Adresse geben. Wie geht es ihr?

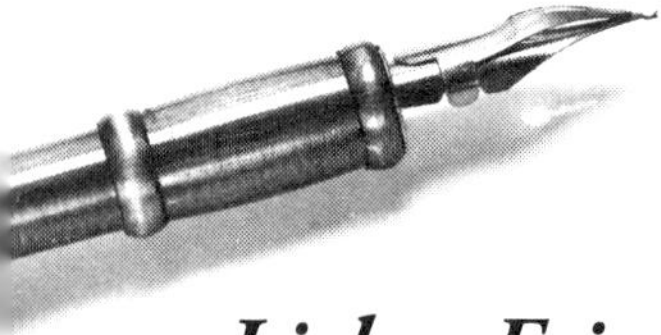

17. Januar 1915

Lieber Friedrich,

nach den Aufregungen um den Weihnachtsfrieden habe ich nun mehrmals schon mit unserem Kompanieführer wegen Urlaub gesprochen. Heute teilte er mir mit, dass ich ja nun schon seit fast vier Monaten an der Front wäre und da „natürlich einmal Heimaturlaub bekomme“! Ich kann es kaum glauben: Nächste Woche schon darf ich für 14 Tage nach Hause fahren. Wie wird es bei euch daheim wohl aussehen, wie wird bei euch die Stimmung sein? Ich freue mich so, euch wiederzusehen!
Ich werde euch noch Bescheid geben, wenn ich weiß, wann genau ich ankomme.

Von jetzt an werde ich die Stunden zählen.

Herzliche Grüße

Dein

Hans

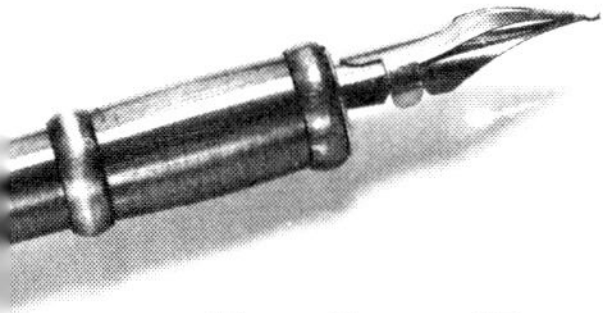

25. Februar 1915

Lieber Friedrich,

nach diesen zwei Wochen zu Hause fällt es mir schwer, mich wieder an den Kriegsalltag hier zu gewöhnen. Wie war es ruhig bei euch! War das schon immer so und ich habe es nur nie wahrgenommen?
Ich weiß gar nicht, was ich am meisten genossen habe: Euch wiederzusehen, Mutters Freude und Vaters Stolz zu spüren oder das warme gute Essen, für das sich unsere liebe Mutter solche Mühe gemacht hat. Ich weiß natürlich, dass ihr auch längst nicht mehr alle Lebensmittel zur Verfügung habt. Umso rührender war es, dass Mutter sich so darum bemühte, dass es mir an nichts mangelte. Und wieder in einem Bett zu schlafen! Und dazu noch im eigenen! Was für eine Wohltat, das kannst Du Dir gar nicht vorstellen!
Aber dennoch: Im ungewohnt ruhigen und dadurch dann doch unruhigen Schlaf kamen die Träume, schreckliche Träume, in denen all die gefallenen Kameraden mit ihren zerfetzten Körpern und entstellten Gesichtern in langen Reihen an mir vorbeizogen und irgendetwas flüsterten. Jede Nacht bin ich dann aufgewacht und konnte lange nicht wieder einschlafen. Durch diese Träume rührte sich mein Gewissen. „Du liegst hier im warmen Bett und an der Front fallen Deine Kameraden!", flüsterte es in mir. Und ich wusste nicht mehr: Wohin gehöre ich eigentlich? Hierher, nach Hause, wo meine Familie ist – oder an die Front, wo meine Kameraden mich brauchen?

Glaube mir, Friedrich, es war fast erschreckend wohltuend zu Hause, so „normal", dass mir das Leben an der Front plötzlich unwirklich und wie ein Alptraum erschien. Und es war – ich traute mich kaum, es euch zu sagen – auch ein Stück Erleichterung zu spüren, als ich wieder in den Zug stieg und zurück zu meiner Gruppe fuhr.
Verkehrte Welt.

Eine Sache möchte ich Dir noch im Vertrauen erzählen. Eine Sache, die mich erschüttert hat und die mich sehr bedrückt. Du weißt ja, dass ich mich im Urlaub ein paar Mal mit Berta Hedwig getroffen hatte. Schon im letzten Jahr trafen wir uns ab und zu und sie gefällt mir wirklich gut – und ich ihr wohl auch. Jedenfalls kamen wir uns damals im Sommer so nahe, wie man sich vor einer Heirat nicht kommen sollte. Es ist irgendwie passiert, obwohl ich natürlich genau wusste, dass das nicht sein darf.
Nun, und letzte Woche, als ich zu Hause war und sie zum letzten Mal traf, bevor ich wieder an die Front zurück musste, hat sie mir dann auch erzählt, dass sie schwanger ist. Das wusste ich (zum Glück!) ja schon von Dir. Aber – jetzt kommt's – sie weiß nicht, ob das Kind von mir ist oder von einem anderen, dessen Namen sie mir nicht verraten will.

Ich war wie vor den Kopf gestoßen und wusste nicht, was ich denken sollte. Wenn das Kind von mir ist, werde ich auf jeden Fall dazu stehen und sie heiraten. Nicht nur aus Pflichtgefühl – nein, ich empfinde wirklich mehr für sie als nur bloße Freundschaft. Aber dass sie nicht nur mit mir, sondern auch noch mit einem anderen …

Was soll ich denn jetzt machen, Friedrich? Soll ich ihr schreiben? Soll ich mir Hoffnung machen, schon bald eine eigene Familie zu haben? Aber kann ich ihr dann verzeihen, dass sie sich zur gleichen Zeit mit einem anderen Mann eingelassen hat?
Ich bin verwirrt. Aber ich habe hier auch nicht viel Zeit, um darüber nachzudenken.
Sobald ich wieder hier war, folgte schon gleich wieder mein erster Einsatz in der Todeszone und die Realität hatte mich wieder. Also gilt es sowieso erst mal zu überleben.

Bitte, lieber Friedrich, behalte dies Geheimnis für Dich. Ich weiß, eigentlich bist Du noch zu jung für solche Themen, aber ich habe sonst keinen, mit dem ich diese Sorgen teilen kann.

Es grüßt Dich

Dein

Hans

9. März 1915

Lieber Hans!

Ich muss gestehen, ich war sehr erschrocken über Dein Geständnis und die Enthüllungen von Berta Hedwig, die ich ja nur flüchtig kenne. Sie ging ja mit Dir gemeinsam zur Schule und hatte für mich kaum mehr als ein Lächeln übrig. Sie ist schon ein hübsches Mädchen, das muss ich sagen!
Aber wie konntet ihr so etwas tun? Zumal ihr noch nicht einmal einander versprochen und verlobt wart!
Und dass sie es dann auch noch mit einem anderen macht … Das zeugt nicht gerade von Standfestigkeit, oder? Ich kann gut verstehen, dass Du verwirrt bist.
Dein Geheimnis ist auf jeden Fall gut bei mir aufgehoben, Du kannst Dich auf mich verlassen.
Mein Gott, was werden unsere Eltern sagen, wenn Du tatsächlich der Vater dieses Kindes sein solltest? Erfreut werden sie nicht sein.
Aber wir haben hier auch noch ganz andere Sorgen. Die Lebensmittelrationen werden immer knapper bemessen, vor allem von solchen Dingen, die sie „Genussmittel" nennen wie

Kaffee oder Butter. Wir können sehr froh sein, dass die Großeltern uns mit den Erträgen ihres Bauernhofes noch gut mitversorgen können. Da haben wir es manches Mal besser als die anderen hier in der Stadt und in unserem Viertel.

Das ganze Leben hat sich so komplett gewandelt, und ich frage mich bang, wohin das führen und wie lange das noch so weitergehen soll.
Davon, dass ihr euch an der Front zu Hunderttausenden blutige Schlachten liefert, bekommen wir kaum etwas mit. Nur, dass halt immer mehr Männer „verschwinden", weil sie eingezogen werden oder sich freiwillig melden, und dass schon so viele Frauen Witwen geworden sind, merkt man natürlich deutlich.
Überhaupt, die Frauen haben es meiner Meinung nach doppelt schwer. Sie müssen nicht nur damit zurechtkommen, dass ihre Männer und Söhne an die Front gehen und evtl. nie wiederkommen, sondern sie müssen sich auch allein um den Haushalt und das Großziehen der Kinder kümmern und die Arbeit machen, die sonst reine Männerarbeit war: Postbotinnen radeln plötzlich durch die Straßen; in Büros und in Geschäften, in Straßenbahnen und Zügen und ganz besonders in den Fabriken werden die Frauen als Arbeitskräfte eingesetzt. Der Staat braucht die Frauen – wer soll die ganze Arbeit sonst tun? Aber die Frauen brauchen auch die Arbeit, denn wer soll sonst das Geld verdienen, das man für die Familie braucht?
Mutter ist heilfroh, dass Vater nicht in den Krieg zu ziehen braucht und dass sie nicht arbeiten gehen muss. Dafür fährt sie öfter als sonst mit dem Bus raus zu den Großeltern, um

ihnen auf dem Hof zu helfen. Bald ist ja auch schon wieder Zeit für die Aussaat, da werde ich dann sicher auch wieder tüchtig eingespannt.

Pass nun gut auf Dich auf, dass Du heil und gesund durch die Kämpfe kommst. Sobald ich Neues erfahre, melde ich mich wieder bei Dir.

Herzliche Grüße

Dein

Friedrich

20. Mai 1915

Lieber Friedrich,

könnte ich doch nur diesem Höllenlärm entfliehen! Du kannst Dir nicht vorstellen, wie laut es hier ist. Überall und nahezu immer hört man Granaten, Detonationen, das Grollen vom Einschlagen der Kanonen. Egal, wo du bist, überall ist dieser Lärm.

Besonders schlimm ist es bei den Angriffen direkt auf die eigene Stellung. Der Lärm übertönt und überschattet alles. Der Lärm wird uns zum Gefühl. Du hörst ihn nicht nur – du fühlst ihn auch, du schmeckst ihn, du atmest ihn, du siehst den Lärm förmlich, du selbst wirst zu einem Teil des Lärms. Er durchdröhnt dich und du kannst ihm nicht entfliehen. Es ist so laut, dass dir die Welt unwirklich vorkommt. Man sieht Soldaten schreien vor Schmerz, aber du siehst nur ihre weit aufgerissenen Augen, ihren gequälten Ausdruck im Gesicht. Du WEIẞT, dass sie schreien, aber du kannst es nicht hören. Alles, alles geht in diesem wahnsinnigen Krach unter …

Selbst wenn es dann ruhiger wird und wir uns mal auf unseren Strohsäcken ausstrecken können, geht der Krach in unseren Köpfen weiter. So manch einen von uns hat das schon in den Wahnsinn getrieben. Es gibt Kameraden, die sitzen nur noch da, wimmern und schaukeln vor und zurück, vor und zurück. Auch, wenn der Kompanieführer kommt und sie anschreit, sie sollen aufhören, den Kranken zu simulieren, schaukeln sie weiter. Sie scheinen nichts mehr zu hören, nichts mehr wahrzunehmen … Sie sind gefangen in ihrem eigenen Körper, dem sie nicht entfliehen können.

Es ist schrecklich, Friedrich, einfach nur schrecklich. Ich möchte weg hier. Nach Hause, wo es so schön ruhig war. Ich liege auf meinem Sack aus Stroh und denke an euch, an Berta, die vielleicht ein Kind von mir unter ihrem Herzen trägt. Und ich denke an Henri, der auf der anderen Seite kämpft – wenn er noch leben sollte.

Der Unmut, dass es nicht weitergeht, dass es mehr ein Stellungskrieg ist als ein weiterbringender Krieg, in dem man immer mehr Land gewinnt, ist allgegenwärtig und auch bei den Offizieren und Batallionsführern zu spüren. Eigentlich sind wir aber auch ganz froh darüber, dass es nicht weitergeht – so sind wir wohl etwas sicherer.

Nun hat man auf deutscher Seite eine neue Waffe zur Bekämpfung des Feindes entdeckt: das Gas. Gas, das den Feind zwingt, aus den Gräben und Unterschlüpfen herauszukommen, um sie dann im Sturmangriff niederzumetzeln. Wir sind schon gut ausgestattet mit Gasmasken, damit wir nicht selber Schaden nehmen, wenn der Wind mal aus der falschen Richtung bläst.
Denn nun soll das Gas auch hier bei uns eingesetzt werden. Natürlich haben wir auch Angst davor, dass die Franzosen sich ihrerseits ebenfalls mit Gasangriffen zur Wehr setzen, aber sie sollen mit ihren Entwicklungen wohl noch nicht so weit und erfolgreich sein wie die deutsche Armee.

Im Moment fühle ich mich total erschöpft und mutlos. All dieses Elend, all dieses Grauen, diese vielen Toten, die wir kaum alle bergen können. Dazwischen die Frage, warum ich das Glück habe, noch zu leben. Ist es ein Glück? Manchmal frage ich mich das.
Und manchmal, Friedrich, weißt Du, da frage ich mich auch: Warum töte ich hier so viele Menschen? Warum macht es mir nichts aus, mit meinem Gewehr draufzuhalten, loszurennen und andere Menschen zu erschießen? Warum erleichtert es mich nahezu, wenn ich sehe, dass durch mich Soldaten sterben? Mich, der ich doch sonst ein eher friedliebender Mensch bin? Die Antwort, mein Lieber, ist simpel. Erschreckend, aber total simpel: Weil die anderen sonst mich erschießen würden.
Ich töte, damit ich nicht getötet werde. Es hat gar nichts mit großer Heimatliebe und Heldentum zu tun. Es ist reiner Selbsterhaltungstrieb. Sonst nichts. Und da wir das alle haben, hüben wie drüben, wird es immer weiter so gehen, bis denen da oben endlich eine Lösung eingefallen ist.

Ich werde meinen Kompanieführer fragen, ob ich nicht auch noch eine Ausbildung für die Artillerie machen kann. Die Geschosse aus Haubitzen und anderen Kanonen haben eine Wurfweite von bis zu zehn Kilometern, also ist man weit weg von der eigentlichen Front. Vielleicht macht das manches leichter? Auf jeden Fall ist man dem Tod, der Verwundung und Verstümmelung so vieler Menschen nicht so hautnah ausgesetzt. Und die Gefahr, selbst verletzt zu werden, ist auch nicht so groß.
Ja, gleich morgen werde ich Müller mal fragen.

Nun kann ich noch etwas schlafen, mein nächster Einsatz beginnt um 23 Uhr.

Ich grüße Dich, lieber Friedrich. Nun habe ich gar nicht gefragt, wie es euch geht, ob Du etwas Neues von Berta gehört hast. Du wirst es mir sicher berichten.

Dein

Hans

30. Mai 1915

Lieber Hans,

natürlich macht es mich furchtbar traurig, dass es Dir so schlecht geht. Und es gibt nichts, was ich für Dich tun könnte! Das ist das Schlimmste! Ich bete nur jeden Tag zum lieben Gott, dass er Dich beschützt, dass Dir nichts Schlimmes widerfährt, sondern Du am Leben bleibst.

Dein Urlaub liegt nun schon wieder eine Weile zurück – vielleicht kannst Du ja noch einmal Heimaturlaub bekommen? Und das mit der Artillerie ist eine gute Idee.

Ich habe aber auch noch eine Neuigkeit für Dich, die Dich sicher interessieren wird: Berta hat ihr Kind bekommen! Es ist ein Mädchen und sie hat es Luise genannt. Ich hab sie sogar schon gesehen und es war ein merkwürdiges Gefühl, zu wissen, dass das eventuell meine Nichte sein könnte. Ich habe aber natürlich nichts gesagt. Es ist jedenfalls ein hübsches, kleines Baby. Aber ich habe noch nichts davon gehört, dass sich der Vater gefunden hätte.

Was willst Du jetzt tun? Willst du ihr schreiben? Ja, ich glaube, das würde ich an Deiner Stelle tun. Denn es muss ihr doch bewusst sein, dass Du auch Klarheit in der Sache haben willst. Nun, wenn ich irgendetwas für Dich tun kann, lass es mich wissen.

Ansonsten geht hier der normale Kriegsalltag weiter. Ich beende nun bald das 10. Schuljahr; das Abitur rückt also langsam in greifbare Nähe. Allerdings laufen den Lehrern momentan die ganzen Schüler weg, weil sich manchmal ganze Klassen geschlossen an die Front melden.

Bei den Großeltern sind die Felder bestellt, das Gemüsebeet wächst und gedeiht. Wir hoffen alle auf eine gute Ernte im Sommer und im Herbst, denn die Lebensmittel wurden nochmals reduziert. Manche Dinge sind überhaupt nicht mehr zu bekommen.

Wir denken alle an Dich und beten für Dich. Gebe Gott, dass Du gesund und am Leben bleibst. Ich werde Dir bald wieder schreiben. Und frag noch einmal nach Urlaub!

Dein

Friedrich

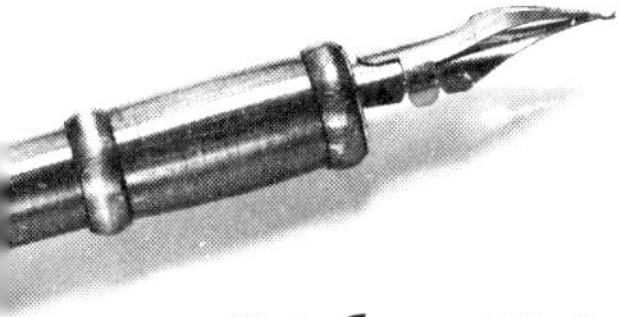

Im Lazarett, 18. Juni 1915

Lieber Friedrich,

wundere dich nicht über die fremde Handschrift – ich selber kann im Moment nicht schreiben, da ich bei einem Gasangriff verletzt wurde und nichts sehen kann. Mein Kamerad Hubert, den es zum Glück nicht ganz so doll erwischt hat, hat sich angeboten, für mich zu schreiben.

Hatte ich Dir nicht im letzten Brief noch geschrieben, dass wir auch die Gegenwinde zu fürchten haben? Genau das ist passiert! Es war kein feindlicher Angriff, sondern unser eigener, der aber leider nicht in Richtung Franzosen ging, sondern durch die Wetterbedingungen und die falsche Windrichtung uns selber traf.
Fast wäre ich erstickt, hätte Hubert mich nicht aus der Gaswolke herausgeholt. Ich hatte total die Orientierung verloren, konnte nur noch husten und bekam kaum mehr Luft. Er hat mir das Leben gerettet.

Nun liegen wir beide mit vielen anderen, die die Gaswolke auch getroffen hat, hier im Lazarett. Viele von uns können nichts sehen, haben große Atembeschwerden und unsere Lungen brennen immer noch wie Feuer.
Es wird einige Tage dauern, bis wir wieder auf den Beinen sind. Das Gute aber daran ist, dass wir dann, sobald wir transportfähig sind, für eine Woche nach Hause fahren dürfen. Ich habe Schmerzen wie verrückt und kann kaum

atmen, aber der Gedanke, bald nach Hause zu können, macht mich irgendwie ruhig. Ob sich dann auch die Sache mit Berta klären lässt?

Bald bin ich bei euch, und darauf freut sich

Dein

Hans

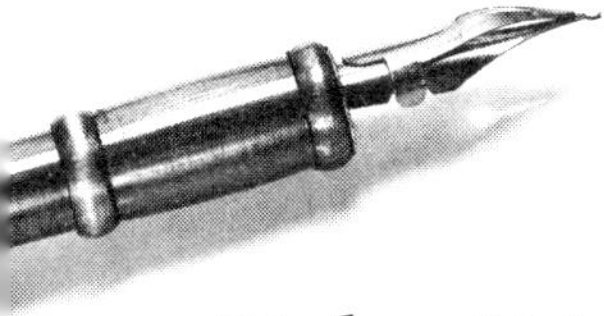

9. Juli 1915

Lieber Friedrich,

wie hat es gut getan, bei euch zu sein, die Ruhe zu genießen, schlafen zu können, euch immer um mich zu wissen … Es war zwar nur für eine Woche, aber dennoch habe ich mich wirklich gut erholt bei euch. Ich glaube, so viel geschlafen habe ich in den letzten drei Monaten nicht. Wie fürsorglich ihr alle wart! Und auch Alpträume hatte ich dieses Mal erstaunlicherweise gar nicht. Wenn ich geschlafen habe, dann immer tief, erholsam und traumlos. Das Wetter war so schön, und es tat mir so wohl, durch einen Wald zu gehen, der nicht total zerbombt und verwüstet war. Es war schön, Blumen zu sehen, Vögel singen zu hören, Brombeeren vom Strauch zu pflücken!
Dieses Mal muss ich Dir sagen, Friedrich, ist es mir sehr schwer gefallen, mich von euch wieder zu trennen. Beim ersten Heimaturlaub hatte ich ja noch große Gewissensbisse meinen Kameraden gegenüber und hatte es – obwohl es so schön zu Hause war – dennoch eilig, wieder zurück an die Front zu kommen. Das war dieses Mal komplett anders. Dieses Mal graute es mir geradezu vor der Abfahrt.

Am vorletzten Tag ergab es sich Gott sei Dank, dass ich Berta Hedwig getroffen habe. Sogar mit Kind! Sie ging gerade – den Kinderwagen vor sich herschiebend – über den Marktplatz. Was klopfte mir das Herz! Ich lief hinter ihr her und rief dann leise ihren Namen. Als sie mich sah, wurde sie ganz rot und sehr verlegen. Sie sah hübsch aus, hatte aber – wohl wegen der Schwangerschaft – einige Kilo zugenommen. Nachdem wir uns etwas schüchtern begrüßt hatten, guckte ich in den Kinderwagen und da lag die kleine Luise und schlief. Ich wusste nicht, wie mir geschah, hatte aber auch keine Ahnung, wie ich die Sache zur Sprache bringen könnte. Zum Glück fing Berta dann von selbst an und meinte, sie hätte zusammen mit einer guten Freundin, die etwas „von solchen Dingen" verstünde, noch einmal nachgerechnet, und dabei wäre sie zu der Überzeugung gekommen, dass Luise nicht von mir sein könnte, sondern von dem anderen. Ehrlich, Friedrich, ich wusste nicht, was ich sagen sollte. Wie ein Dummkopf stand ich vor ihr und konnte nur ein „Aha" stammeln. Sie sagte, es täte ihr schrecklich leid, mir solche Unannehmlichkeiten gemacht zu haben, und dass sie die Zeit mit mir sehr genossen hätte. Ich nickte nur dämlich und brachte schließlich bloß noch ein „Dann viel Glück euch dreien" heraus.

Jetzt ärgere ich mich über mich selbst, dass ich nicht überlegener reagiert habe. Aber ich habe beschlossen, ihr einen Brief zu schreiben, in dem ich ihr doch noch einmal meine Gedanken darstellen möchte. Denn schließlich hätte es sein können, dass wir beide Eltern werden, dass wir heiraten; ich hatte mich schon fast mit dem Gedanken vertraut gemacht und ich muss sagen, es war für mich kein unangenehmer Gedanke. Aber letztendlich ist es wahrscheinlich gut, dass es so gekommen ist. Meine Situation hier an der Front und überhaupt in meinem Leben ist noch so ungeklärt – ich habe keinen Beruf und könnte noch gar keine Familie ernähren. Ich weiß nicht, wer der andere ist, aber ich hoffe doch sehr, dass er für Berta und Luise sorgen kann. Oder ob er auch an der Front ist? Ob ich ihn kenne …? Lieber Friedrich, versuch doch mal herauszufinden, wer es ist. Das würde mich natürlich brennend interessieren!

Hier in unserer Stellung hat sich nicht viel verändert – außer, dass viele nicht mehr da sind, weil sie im Niemandsland geblieben sind. Alle sehen grau und verlebt aus. Gleich morgen will ich Kompanieführer Müller noch mal wegen der Ausbildung zur Artillerie fragen. Hier will ich nicht mehr bleiben.

Sei nun herzlich gegrüßt. Ich muss schließen. Der Feind ruft, ich muss an die Waffen. Mein Gott, wie lange müssen wir das hier noch durchstehen?

Dein

Hans

20. August 1915

Hölle, Friedrich. Wer hier ist, weiß, wie es in der Hölle aussieht. Wir selber werden zu Unmenschen. Wir sind zu lebenden Toten geworden.
Hitze, Fliegen, Staub und Dreck. Dürre, Trockenheit und viel zu wenig Wasser. Wir erstarren in tagelanger Lethargie. Nur die Todesangst lässt uns immer wieder lebendig werden. Dann klettern wir aus den Gräben, rennen, schreien, schießen wie die Irren blindlings drauflos. Am Tage können wir kaum etwas sehen, so blendet uns die Sonne. Und dann fallen schon die Ersten.
Wieso lebe ich noch, Friedrich? Wieso liege ich nicht auch schon längst im ewigen Staub und darf liegenbleiben?
Manchmal wünsche ich mir fast, dass mich auch endlich eine Kugel trifft.

Und heute morgen dann, in aller Herrgottsfrühe, hat es den Hubert erwischt. Hubert, meinen Hubert! Mein bester Kamerad, der mir das Leben gerettet hat, als ich aus der Gaswolke nicht mehr herausfand. Es gibt ihn nicht mehr, Friedrich, er wurde von einer Granate zerfetzt, vor meinen Augen. Er zerplatzte und alles flog in die Luft, um in kleinen Teilen wieder zur Erde zurückzufallen. Dann war er weg. Einfach weg. Es gab keinen Hubert mehr. Ich kroch auf dem Boden rum, um seine Teile zusammenzusuchen. Aber dann kamen andere Kameraden und haben mich weggezerrt und in unsere Stellung gebracht. Ich konnte nicht mehr atmen, nichts mehr sehen, ich habe noch nie so etwas gefühlt,

Friedrich, so was kann es doch nicht geben. Hubert muss irgendwo sein. Wenn ich wieder aufstehen darf, werde ich ihn suchen.

So viele Leichen, Friedrich, Berge von Leichen und sie stinken. Sie stinken so erbärmlich. Keiner kann sie wegmachen, sie bleiben einfach liegen, wo sie gefallen sind, und fangen an zu stinken. Ja, die Ratten freuen sich! Die Fliegen auch, und es dauert nicht lange, dann kommen auch die Würmer und laben sich an den Toten. Wer will es ihnen verübeln? Jeder will hier überleben.

Uns fressen noch die Läuse auf. Wenn ich Hubert schlafen sehe, dann kann ich die Läuse beobachten, die auf seinem Kopf herumkrabbeln. Ach ja, Hubert, ich muss Hubert suchen, er muss irgendwo sein.

Ich schreibe bald wieder, Friedrich, wenn ich Hubert begraben habe.

Hans

10. Januar 1916

Lieber Friedrich!

Wie sehnsüchtig denke ich noch an die Zeit zurück, wo ich bei euch sein durfte. Es war so heilsam für mich, mich nach dem Erlebnis von Huberts Tod bei euch ausruhen zu dürfen. Sicher war ich euch auch eine Last, denn mit mir gab es ja noch einen Esser mehr und natürlich habe ich sehr deutlich gemerkt, wie knapp bei euch die Lebensmittelrationen geworden sind. Aber dem Schrecken und Grauen der Front zu entkommen, war ein Segen für mich.

So heiß und trocken der Sommer war, so nass und kalt ist nun der Winter. Schnee, Regen, Wind, eisige Kälte und Dunkelheit – alles ist dabei und macht unser Leben so mühsam, so erbärmlich. An Weihnachten hatten wir noch gehofft, es würde wieder einen heimlichen Frieden geben, aber da wurden wir enttäuscht. Solche „Sperenzchen", wie Müller es nannte, würden nicht noch einmal vorkommen. Einmal mehr musste ich an Henri denken. Ich hätte ihn gerne mal wiedergesehen. Ich hoffe so sehr, dass er noch lebt.

Hier bei uns hat sich der Krieg festgefahren. Wir nehmen kein Land ein, die Franzosen aber auch nicht. Im Grunde sind wir genau da, wo wir vor einem Jahr waren. Soll das ewig so weitergehen? Ach, ich bin es so leid, Friedrich, ich bin des Ganzen so überdrüssig. Weißt Du, wie es in den anderen Kriegsgebieten aussieht? Davon kriegt man hier nicht viel mit. Aber Du wirst vielleicht aus den Zeitungen mehr erfahren.

Wie geht es euch? Auch für euch muss es ein harter Winter sein, voller Kälte und Entbehrungen. Hast Du Berta noch einmal gesehen? Mein Gott, die kleine Luise ist nun schon ein halbes Jahr alt! Ein Kriegskind …

Hoffentlich tut sich hier bald etwas, sonst werde ich wahnsinnig. Wir stumpfen hier noch total ab. Ob Mutter noch einmal für mich backen und Strümpfe schicken kann? Der Verschleiß hier ist hoch.

Ich hoffe, dass es euch besser ergeht als mir und grüße Dich mit guten Wünschen!

Dein

Hans

20. Februar 1916

Lieber Hans,

ja, Du hast recht: Auch wir leiden unter dem Krieg immer mehr. Gerade jetzt im Winter, wo die Vorräte aus dem letzten Herbst zu Ende gehen, ist der Hunger unser ständiger Begleiter. Wir können ja nach wie vor von Glück sagen, dass wir die Großeltern haben, die uns mit ihren Lebensmitteln unterstützen, aber auch die Bauern müssen ja einiges an Nahrungsmitteln abgeben. Aber wir stellen uns dann vor, dass es für euch ist, für euch tapfere Soldaten, die für uns weiterhin unser Vaterland verteidigen. Wer weiß, vielleicht bekommst Du ja Großmutters Kartoffeln? Nein, das ist doch eher unwahrscheinlich. Aber diese Vorstellung tröstet uns über den Verlust hinweg. Mütter und ihre Kinder bekommen übrigens Extra-Portionen an Milch und Brot; „deine" Berta ist also noch besser versorgt als wir Normalbürger.

Mittlerweile weiß ich auch, wer der Vater von Luise ist. Stell Dir vor, es ist Wilhelm Hübner, Du weißt schon, der jetzt auf der Fliederstraße das Lebensmittelgeschäft seines Vaters übernommen hat. Dadurch konnte er es bisher noch vermeiden, eingezogen zu werden. Aber wer weiß, irgendwann braucht die deutsche Armee vielleicht auch ihn. Er hat sich jedenfalls auch gleich zu dem Kind bekannt und Berta einen Antrag gemacht. Das weiß ich alles von Mutters Freundin Ursula – die weiß doch bei so was immer genauestens Bescheid! Im Sommer wollen die beiden heiraten und dann auch gleich Luise taufen lassen.

Ansonsten gehe ich tatsächlich öfters zu Herbert Müller, um einen Blick in seine Zeitung zu werfen. Anschließend können wir beide dann über den Krieg und seinen Verlauf diskutieren. Er ist ja schon alt, hat viel erlebt in seinem Leben und nun jede Menge Zeit, sich mit mir auszutauschen. Folgendes hat sich in den letzten Monaten ereignet:
Seit Oktober des letzten Jahres befindet sich nun auch Bulgarien im Krieg gegen England, Frankreich und Serbien.
Deutsche Schutztruppen haben sich aus Kamerun auf spanisches Kolonialgebiet zurückgezogen, und seit Anfang Januar gibt es die „Gruppe Internationale", die von Rosa Luxemburg und Karl Liebknecht gegründet wurde. Die beiden sind wohl nicht mit der Politik der SPD einverstanden, die sich auch mit der sogenannten „Burgfriedenspolitik" einverstanden erklärten. Ich gebe zu: So viel verstehe ich davon nicht, aber für Herbert Müller ist es offensichtlich immer schön, sich mit mir darüber zu unterhalten. Und ich kann schließlich noch was lernen!
In den anderen Ländern wie Serbien, Italien, Russland und Griechenland wird auch gekämpft, aber die heftigsten und auch wichtigsten Kämpfe finden doch in Frankreich statt. Auch wir hier zu Hause sind gespannt, wie es weitergeht.

Versuche, nicht den Mut zu verlieren! Wir alle hier hoffen und beten dafür, dass Deutschland endlich bald den ersehnten Durchbruch schafft und der Krieg beendet werden kann.

Ich habe Mutter gesagt, dass Du wieder Strümpfe brauchst; nun will sie Dir auch noch einen dicken Schal stricken. Dafür muss jetzt Vaters alter Pulli herhalten.

Sei gegrüßt mit guten Wünschen von

Deinem

Friedrich

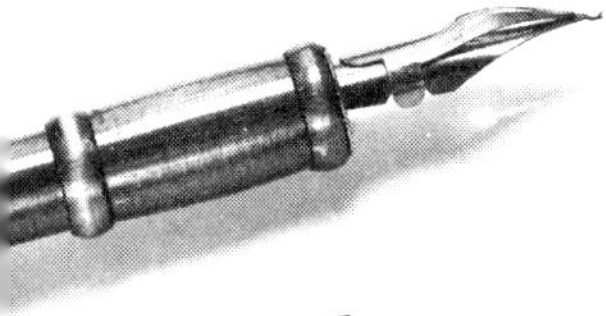

15. März 1916

Lieber Friedrich,

wir haben das Gefühl, nun will man es den Franzosen noch mal mit aller Härte zeigen. Wir sind inzwischen bei Verdun stationiert und haben uns in neuen Schützengräben eingerichtet. Hier braucht es jeden Mann. Der Angriff auf Verdun begann am 21. Februar, und schon am 25. hatte die deutsche Armee das Fort Douaumont eingenommen. Meine Gruppe kam einige Tage später an und am 4. März haben wir dann auch noch das Dorf Douaumont eingenommen. Friedrich, es war ein erhabenes Gefühl, ENDLICH einmal wieder Erfolg zu haben, zu siegen, vorwärts zu kommen. Lange habe ich mich nicht mehr so gut gefühlt! Ich hoffe sehr, dass es nun so weitergeht. Es sind von Verdun noch über 200 Kilometer nach Paris – die schaffen wir nur, wenn wir die Franzosen in ihrem geschichtsträchtigen Verdun schlagen.

Für heute nur ein kurzer Gruß

Dein

Hans

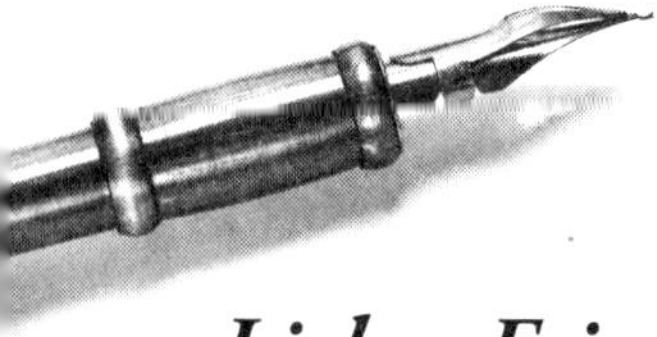

4. April 1916

Lieber Friedrich,

was ist das für ein Leben? Wohin bin ich hier geraten? Ich habe einmal mehr das Gefühl, in der Hölle zu sein. Die Kämpfe nehmen kein Ende, tagein tagaus donnern die Kanonen, schlagen Granaten ein, fliegen Gasgeschosse umher und finden ihr grausames Ziel. Es gibt nicht einen Moment der Ruhe. Dauernd bebt die Erde, kein Stein bleibt auf dem anderen.
So verbissen haben wir noch nie gekämpft, aber die Franzosen, so scheint es, auch nicht. Und die Soldaten sterben wie die Fliegen.
Du musst hier aufhören zu denken, du musst einfach nur machen, was Dir gesagt wird, sonst gehst Du vor die Hunde. Kompanieführer Müller hatte übrigens zugebilligt, dass ich mich für die Artillerie weiter ausbilden lasse. So habe ich bald das Glück, von der Front wegzukommen – ebenso wie Adolf, Friedjof und Werner, die sich für diese Ausbildung auch gemeldet hatten.
Ich schreibe wieder mehr, wenn ich aus dieser Hölle raus bin.

Bete für mich.

Dein

Hans

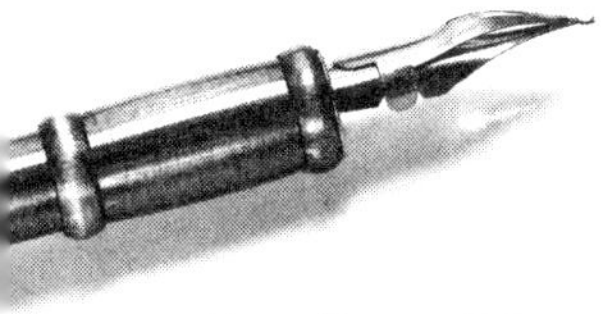

20. Juni 1916

Lieber Friedrich,

ich bin so erschöpft, so unfassbar müde. Ich habe vier Tage gekämpft, nur gekämpft, bis uns Müller endlich abgezogen und neue, ausgeruhte Kameraden ins Feld geschickt hat. Nun liegen wir hier zu Tode erschöpft irgendwo im Nirgendwo und dürfen endlich schlafen. Aber ich weiß, dass ihr auf Nachricht von mir wartet. So lange habe ich nicht schreiben können, deswegen will ich euch einen kleinen Gruß senden.

Es sah alles zunächst ganz gut aus. Das Fort Douaumont hatten wir einnehmen können, wir waren in der Überzahl. Aber dann änderte Frankreich seine Taktik und wir sind nun einem Dauerbombardement von Artilleriefeuer ausgesetzt, das nicht enden will. Oftmals kommen wir gar nicht aus unserem Graben heraus. Manchmal sind es noch nicht einmal mehr Gräben, in denen wir uns verstecken können. Große Granattrichter bieten uns dann mäßigen Schutz. Wir graben uns in die Erde ein, um vom Feind nicht entdeckt zu werden. Was sage ich – Erde! Es ist nicht nur Erde … Im weichen Boden findest Du alles – Fetzen von Uniformen, Leichenteile, verweste Körper, zerfetzte Körper, Schuhe, Helme – alles. Und bei jeder Detonation wird das Ganze in die Luft geschleudert und fällt wieder zu Boden. Und da liegst Du dann in diesem trockenen Brei der Verwesung und kannst nicht weg.
„Wie hältst Du das aus?“, fragst Du Dich vielleicht. Ich werde es dir sagen: Ich denke mich weg, ich schließe meine

Augen, und denke ganz fest an euch, an zu Hause, an die Stille. Ich denke an Henri, der auf der anderen Seite kämpft und frage mich, ob er noch am Leben ist. Ich denke an das gemeinsame Weihnachtsfest. Es gelingt mir nicht immer, mich „wegzudenken" – wenn die Granaten zu dicht sind, die Angst und Spannung zu groß ist, dann nützt auch das nicht. Dann liegst Du nur da und machst dir manchmal sogar vor Angst in die Hosen.

Aber so kann man keinen Krieg gewinnen, Friedrich! So gewinnen wir keinen Boden! Wir können erst angreifen, wenn es dunkel geworden ist. Aber DAS auszuhalten, Friedrich, das kostet Nerven, die hier nicht mehr jeder hat. Dieser wahnsinnige Lärm, dieser Dauerbeschuss, diese Angst, im nächsten Moment getroffen werden zu können – das macht einen schier verrückt. Es gibt einige, die buchstäblich den Verstand verlieren. Sie fangen an zu lachen – oder zu weinen – und können nicht mehr aufhören. Andere kriechen einfach aus dem Graben heraus und gehen. Sie gehen einfach weg. Allerdings kommen sie nicht weit, denn schon bald sprengt sie eine Granate in die Luft. Dann haben sie Frieden.

Ich muss nun schlafen, ich kann nicht mehr. Ich hoffe, bald wieder schreiben zu können. Die Ausbildung bei der Artillerie steht ja auch noch an. Dann bin ich selber erst mal nicht in Gefahr.

Grüße die Eltern und erzähle ihnen lieber nicht, was ich Dir hier schreibe. Ihnen muss reichen, dass ich noch lebe.

Dein Hans

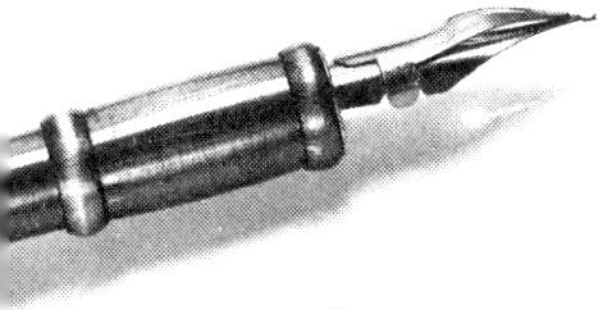

20. Juli 1916

Lieber Friedrich,

nun hat es Deinen großen Bruder doch noch erwischt und ich liege da, wo ich nie hinwollte: im Lazarett. Ich kann von Glück sagen, dass es kein Granatsplitter oder Gas war, was mich getroffen hat, sondern „nur“ ein Kugelhagel aus einem Maschinengewehr. Es hat mich heftig an der Hüfte und am linken Bein getroffen, sodass eine Operation unumgänglich war. Davon erzähle ich Dir lieber nicht. Aber ich habe es überlebt und liege nun schon seit einer Woche im großen Saal des Lazaretts und warte darauf, dass die Wunden heilen. Wenn hier nicht so ein Gestank, ein Stöhnen und Jammern und Geschreie wäre, wenn es hier nicht so dreckig und unsäglich trostlos wäre, könnte man es fast genießen, dass man liegen und ausruhen und schlafen darf. Aber es geht eben nicht allen so „gut“ wie mir. So viele kommen hierher mit den schlimmsten Verletzungen und Verstümmelungen; sie schreien und winden sich und wissen sich nicht zu fassen vor lauter Schmerzen. Andere, wie mein „Bett“-Nachbar, liegen nur regungslos auf ihrer Liege und starren ins Leere. Er sagt nichts, er reagiert nicht, wenn ich ihn anspreche. Er liegt nur mit seinen weit aufgerissenen Augen da. Was mag er gesehen und erlebt haben, dass er nichts anderes mehr tun kann?
So manchem wünscht man einfach nur noch den erlösenden Tod – der dann manchmal auch prompt eintritt. Ehrlich, Friedrich, so viele Verletzte KANN man gar nicht versorgen! Den Ärzten und Schwestern gilt meine ganze Bewunderung!

Es ist unglaublich, was die hier aushalten, erleben und durchmachen müssen. Auch sie brauchen starke Nerven!

Ich will nicht mehr zurück, Friedrich, das halte ich nicht mehr aus. Ich habe nun schon seit fast zwei Jahren an der Front durchgehalten und gekämpft, jetzt kann ich nicht mehr. Sobald ich hier wieder raus kann, gehe ich zur Artillerie. Müller hatte es mir ja schon zugesagt, jetzt muss ich noch dafür sorgen, dass das auch klappt.

Ich bin müde, gleich muss ich wieder schlafen. Aber wie geht es euch? Auch von euch habe ich schon länger keine Post mehr bekommen. Wie mag es euch ergehen, jetzt, im Hochsommer, der eigentlich immer die schönste Zeit im Jahr ist. Gibt es wieder eine gute Ernte? Hast Du Berta mal wieder gesehen? Ich hatte ihr Ende Mai einen Brief geschrieben, aber leider hat sie nicht geantwortet. Oder der Brief ist verlorengegangen? Wer weiß. Hier gibt es eine Krankenschwester, die ihr ziemlich ähnlich sieht. Manchmal, wenn sie etwas Zeit hat, plaudern wir eine Weile. Ich glaube, sie ist auch froh, wenn sie mal einen Patienten hat, der nicht ganz so arm dran ist!

Bitte, lieber Friedrich, schreibe mir bald und erzähle mir von zu Hause. Der nächste Brief kommt hoffentlich schon aus einem Stützpunkt der Artillerie!

Dein

Hans

8. August 1916

Lieber Hans,

wie erschüttern mich Deine Berichte über Dein Leben und Leiden im Krieg. In mir wächst immer mehr die Wut auf alle, die an diesem Krieg schuld sind und die dafür gesorgt haben, dass Du nun verletzt im Lazarett liegst. Wie erleichtert es mich allerdings, dass Du überlebt hast! Du hättest ja auch gut von diesem Kugelhagel getötet werden können. Ich hoffe sehr, dass Du wieder ganz gesund wirst und danach tatsächlich zur Artillerie wechseln kannst.

Meinst Du nicht, ich wäre mittlerweile alt genug, auch an die Front zu gehen, Hans? Ich bin 16 geworden – da kann ich doch nun auch in den Dienst unseres Volkes treten und mit dazu beitragen, dass die Franzosen und Russen und wer weiß wer noch alles endlich geschlagen werden und dieser Krieg ein Ende hat.
Ich habe das Gefühl, Dich rächen zu müssen; ich will, dass Frankreich dafür leiden muss, dass DU so leiden musst. Ich weiß, das ist ein sehr irrationaler Wunsch – aber trotzdem!

Ich werde meinen Lehrer mal fragen, wie man das anstellen muss, wenn man an die Front will.

Da fällt mir ein: Ich habe Dir noch gar nicht erzählt, dass Berta geheiratet hat! Sie wird sicher von einer Hochzeit in Weiß geträumt haben (so wie wohl alle Mädchen), aber das konnte sie natürlich vergessen! Sie soll trotzdem sehr hübsch ausgesehen haben – hat Ursula gesagt. Sie war natürlich da, um ja nichts zu verpassen. Mutter hat sich alles in Ruhe angehört und nur gesagt: „Aha, na dann."
Wenn Du wüsstest, habe ich gedacht, dass es auch gut DEINE Schwiegertochter hätte werden können! Schwer vorzustellen, irgendwie … Jedenfalls haben sie die kleine Luise auch gleich taufen lassen und sich jetzt – auch das weiß ich von Mutters Freundin Ursula – in der kleinen Dachwohnung seiner Eltern häuslich eingerichtet. Berta kann wirklich von Glück sagen, dass sie an so einen ehrlichen und verantwortungsvollen Mann geraten ist. Das alles hätte für sie ja auch ganz anders ausgehen können!

Noch etwas Wichtiges habe ich Dir nicht erzählt: Der Knecht der Großeltern, der Johannes, ist vor zwei Wochen an Lungenentzündung gestorben. Das hat die Großeltern natürlich sehr getroffen! Man hatte wirklich alles versucht, um ihn zu retten, aber er war ja nun auch nicht mehr der Jüngste, und außerdem durch den Hunger so entkräftet, dass er es nicht schaffen konnte.
Neben der Trauer um den treuen Knecht steht natürlich die Frage im Raum, wie es auf dem Hof nun weitergehen soll. Die ganze Arbeit kann nicht von den Großeltern allein

bewältigt werden. Ob man so schnell einen guten Ersatz für Johannes findet? Gerade jetzt zur Erntezeit!

Ich werde Dich auf dem Laufenden halten!

Es grüßt Dich aus der Heimat

Dein

Friedrich

25. August 1916

Lieber Hans,

ich bin so verzweifelt! Gestern haben unsere Eltern und die Großeltern beschlossen, dass ICH den Knecht ersetzen soll. Ich werde sofort von der Schule genommen und soll schon morgen bei den Großeltern auf dem Hof anfangen.
„Aber die Schule! Ich will doch Abitur machen!", habe ich gerufen. Dass ich dazu noch vorhatte, an die Front zu gehen, habe ich wohlweislich verschwiegen. Ja, meinte Vater, das könne er verstehen, aber wir bräuchten nun einmal so schnell wie möglich einen brauchbaren Ersatz für Johannes, und keinen Knecht könne man jetzt, wo die Arbeit dränge, so schnell einarbeiten, deswegen müsse ich das eben machen. Die Schule könne man auch noch nachholen, meinte er. Ich merkte genau, dass Widerrede zwecklos war. Ich war wie vor den Kopf gestoßen. Alle meine Pläne sind dahin – Schule – Front – alles kann ich vergessen! Ich muss nun meine Sachen packen, gleich morgen will mich Mutter zu den Großeltern fahren, denn es geht natürlich nicht, dass ich immer hin- und herfahre. Wer weiß also, wann ich wieder nach Hause komme.

Nein, ich habe natürlich nichts gegen die Großeltern, und dass jemand helfen muss, ist auch klar, aber ich war so voller Tatendrang und Abenteuerlust, und jetzt soll ich Kühe melken, Ställe sauber machen und bei der Ernte helfen. Das wird eine Schinderei! Ich hatte mir alles anders vorgestellt …

Ich hoffe, Dir geht es gut! Lass bald wieder von Dir hören!

Dein

Friedrich

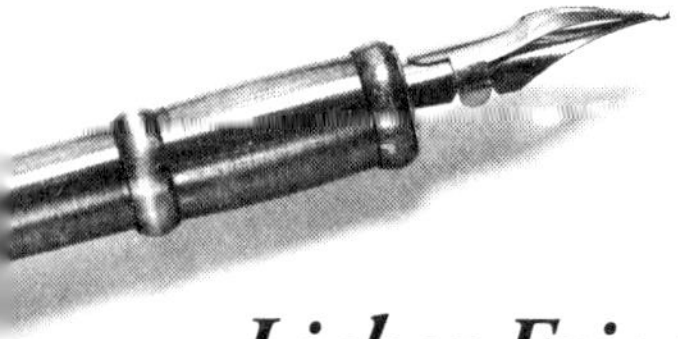

19. September 1916

Lieber Friedrich,

natürlich kann ich gut verstehen, dass Du darüber verzweifelt bist, nun bei den Großeltern den Knecht zu ersetzen, aber ich muss Dir ganz ehrlich sagen: Ein Stück weit war ich auch erleichtert, denn Deine Idee, Dich zur Front zu melden, hat mich sehr entsetzt. Tue das auf keinen Fall, Friedrich! Egal, wie lange Du nun bei den Großeltern auf dem Hof helfen musst.
Ich kann nur hoffen und beten, dass der Krieg nicht so lange dauert, bis Du an die Front gehen MUSST. Du hast doch gelesen, was ich geschrieben und erzählt habe; wie kannst Du da den Wunsch äußern, in den Krieg ziehen zu wollen?! Es ist hier so grausam, so unmenschlich erbärmlich – hier will keiner sein, glaube mir! Ich gebe zu, diese Abenteuerlust, von der Du geschrieben hast, hatte ich am Anfang auch – aber wie schnell wurde ich eines Besseren belehrt!
Nein, Friedrich, bleib so lange Du kannst bei den Großeltern. Sei froh, dass Du ein Bett und ein warmes, trockenes Haus und immer genug Wasser zum Trinken hast. Und denke daran, dass Du in der Art und Weise ja auch etwas für unser Vaterland tust – und wahrscheinlich erfolgreicher bist als wir hier!

Aber so wie Du denken vielleicht viele junge Männer, denn an „Frischfleisch", wie es der Gruppenführer Hemsch immer nennt, mangelt es hier nicht. Immer wieder kommen neue

Soldaten an, und sie sehen alle noch so schrecklich jung aus! Mir zieht sich dann vor Kummer alles zusammen, wenn ich mir vorstelle, Du könntest auch unter ihnen sein. Im Schnellverfahren werden sie mit dem Nötigsten vertraut gemacht, dann mit Uniform und Gepäck ausgestattet und an die Front geschickt. Sie haben keine Ahnung, und noch weniger Erfahrung mit dem, was sie dort erwartet. Bei den Kompanieführern heißen sie schlicht und boshaft „Kanonenfutter". So kann man doch keinen Krieg gewinnen!

Ich selber bin endlich gemeinsam mit drei anderen Kameraden bei der Artillerie. Zwar sind wir hier meistens vom direkten Angriff geschützt, denn unsere Stellung liegt gut sieben Kilometer hinter der Todeszone, aber Du kannst Dir nicht vorstellen, welchem Lärm man ausgesetzt ist, wenn man direkt an den Kanonen steht! Nein, es ist nicht nur Lärm, es ist immer eine gewaltige Druckwelle, die den ganzen Körper erschüttert. Der Krach, wenn die Kanone losgeht, ist so ohrenbetäubend, dass man denkt, man sei taub. Wenn es dann mal still ist, hat man ständig ein Rauschen und Klingeln in den Ohren. Es ist also auch keine befriedigende oder friedlichere Arbeit als direkt an der Front, aber ich finde es schon erholsam, nicht ständig dieser Todesangst ausgesetzt zu sein und die ganzen Leichenberge sehen (und riechen!) zu müssen!

Letzte Nacht hatte ich mal wieder einen Alptraum, der mich den ganzen Tag nicht losließ. Ich sollte Dich – zusammen mit meinen Kameraden – in eine „Dicke Berta" stecken. Am ganzen Körper hattest Du Handgranaten, Nägel und

Scherben, die dann losgehen sollten, wenn Du auf dem Boden aufschlägst … Es war so entsetzlich, Friedrich, ich wusste im Traum nicht wohin mit mir vor lauter Kummer. Du hast Dich natürlich gewehrt und dauernd geschrien: „SO will ich nicht in den Krieg ziehen! SO will ich nicht in den Krieg ziehen!“ Ich hab versucht, Dich zu retten, aber dann kam Hemsch und stopfte mich noch zu Dir in die Kanone und rief höhnisch: „Dann seid ihr eben beide Kanonenfutter!“
Ich bin laut schreiend aufgewacht und war so erleichtert, als ich merkte, dass es nur ein Traum gewesen war.
Es ist nicht jeder Traum so schrecklich und furchteinflößend, aber jeder Traum handelt vom Krieg, einfach jeder. Wann habe ich zuletzt mal etwas anderes geträumt? Ich kann mich nicht daran erinnern. Wahrscheinlich, als ich bei euch zu Hause war.

Ach ja, zu Hause … Könnte ich doch mal wieder zu euch fahren, euch wiedersehen, mich ausruhen. Ich hab so große Sehnsucht nach euch allen, das kannst Du Dir gar nicht vorstellen.
Bitte grüß die Großeltern von mir. Sei schön fleißig und gräm Dich nicht weiter – stell Dir vor, Du würdest es für mich tun! Und es ist alle Mal besser, Kühe zu melken als Franzosen abzuschlachten, glaub mir!

Es grüßt Dich

Dein

Hans

18. Oktober 1916

Lieber Hans,

knapp zwei Monate bin ich nun schon bei den Großeltern und habe mich mittlerweile an die schwere Arbeit gewöhnt. Leider war die Ernte lange nicht so gut wie in den Vorjahren, sodass wir jetzt schon wissen, dass wir im Winter Probleme bekommen werden. Die Bauern müssen so viel von ihren Erträgen abgeben, dass man sich fragt, wovon wir hier leben sollen. Dazu kommt, dass auf unsern Feldern so viel geklaut wird. Oft passiert es, dass mich Großvater in tiefster Nacht weckt und wir dann zusammen zu den Feldern schleichen, um zu prüfen, ob sich nicht wieder ein paar Rübendiebe herumtreiben. Ich bin dann immer froh, wenn wir keinen erwischen. Letztens haben wir eine junge Mutter aufgeschreckt. Mit ihren kleinen Kindern – das eine trug sie in einem Tuch um den Rücken gebunden eng an ihrem Körper – wühlte sie in der Erde, um nach vergessenen Kartoffeln zu suchen. Mein Gott, Hans, sie sah so verhungert und verzweifelt aus, das ging uns durch Mark und Bein. Als sie uns dann sah, erschrak sie furchtbar und fing gleich an zu

betteln und zu weinen, wir sollten nicht schießen, ihre Kinder hätten doch bloß so großen Hunger …
Was willst Du da machen? So jemanden kannst Du doch nicht davonjagen!? Wir haben ihr dann ein paar dicke Kartoffeln aus unserem Vorrat gegeben und sie wäre fast auf die Knie gegangen vor Dankbarkeit, was mir sehr peinlich war.

Das Wetter ist weiterhin schlecht – zu viel Regen und schon viel zu früh zu kalt. In diesem Winter wird nicht nur der Hunger ein Problem werden, sondern auch die Heizfrage! Wie haben wir es gut, dass die Großeltern auch ein Stück Wald haben. So ist uns wenigstens garantiert, dass wir nicht frieren müssen! Die Eltern haben sogar überlegt, ob sie im Winter nicht auch hierher ziehen.
Ich selber werde immer unruhiger und ungeduldiger. Es macht mich wahnsinnig, untätig hier herumzusitzen und nichts für den Frieden tun zu können! Aller Warnungen zum Trotz zieht es mich fort an die Front, ich will auch kämpfen und dazu beitragen, dass Deutschland noch siegen kann! Soll doch die Kühe melken, wer will! Ich hab am letzten Sonntag, als ich mal für einen Tag bei den Eltern war, meine ehemaligen Klassenkameraden getroffen und sie gefragt, ob sie nicht auch an die Front gehen wollen. Viele von ihnen wollen sich auch melden; wir haben beschlossen, dann gemeinsam zu gehen.
Sonst gibt es hier nicht viel Neues. Wir haben das Gefühl, dass es in Deutschland immer düsterer und kälter wird und immer hoffnungsloser. An nichts kann man mehr Freude haben, alles wirkt erschreckend und bedrohlich. Wir sehen voller Angst in die Zukunft und fragen uns, wie es weitergehen soll.

Aber zum Glück sind wir weiterhin gesund, und das ist ja auch schon mal was.

Grüße aus der kalten Heimat

Dein

Friedrich

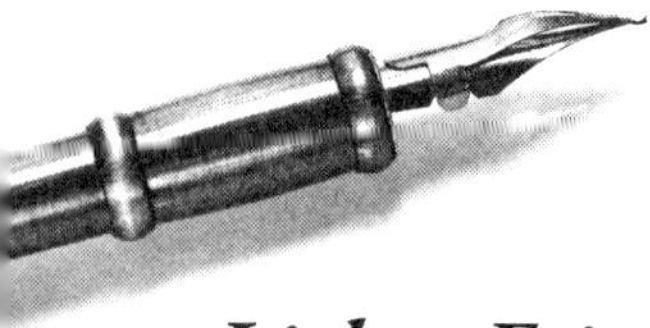

20. Dezember 1916

Lieber Friedrich,

ich kann nicht verstehen, dass Du an die Front ziehen willst! Liest Du denn nicht, was ich schreibe? Sei froh und dankbar, dass Du bisher nicht eingezogen worden bist! Du jammerst über Kälte und Nässe? Das, was Du daheim erlebst, ist NICHTS im Gegensatz zu dem, was wir hier erleben! Wieder ein Winter, wieder Kälte und Schnee, wieder ein Weihnachten fern der Heimat. Wir erstarren in Dreck und Kummer, unsere Augen sind hohl und leer. Ebenso wie unsere Mägen. Inzwischen haben wir doch angefangen, die Ratten zu essen – man muss sie halt lange genug überm Feuer grillen, dann geht es eigentlich.

Voller Wehmut denke ich an das Weihnachten vor zwei Jahren zurück (sind es wirklich schon zwei Jahre?!), an unseren heimlichen Frieden mit den Franzosen und Engländern; an unser Fußballspiel und an Henri … Unvorstellbar heute – ob Henri noch lebt? Ich hab ihn ja nur das eine Mal getroffen, und doch war es mir, als würde ich ihn schon immer kennen. Könnte ich mich doch nur nach ihm erkundigen, um herauszufinden, ob er noch lebt …

Mehr gibt es nicht zu sagen. Wir leben und vegetieren hier von einem Tag auf den nächsten vor uns hin und kämpfen, ohne noch genau zu wissen, warum.
Es gibt keine Siege, keine Hoffnung, kein Weiterkommen.

Was wir hier tun, ist sinnlos und dennoch tun wir es, denn so lautet der Befehl. Also laden wir unsere Haubitzen und feuern.

Mir ist so kalt, Friedrich, ich friere seit einer Ewigkeit. Ich will unter die Erde, da ist es bestimmt warm.

Dein

Hans

12. Februar 1917

Lieber Hans,

das Einzige, woran wir denken können, ist der Hunger. Wir haben ständig Hunger. Und es gibt immer weniger zu essen. Und das, was es gibt, hängt uns zum Hals raus: Steckrüben. Ich hatte ja erzählt, dass die Kartoffelernte miserabel war; man durfte sogar keine Kartoffeln mehr an das Vieh verfüttern! Alles wurde für uns selbst benötigt. Aber es reichte bei Weitem nicht, sodass man dann dazu überging, das zu essen, was eigentlich für die Tiere vorgesehen war: Steckrüben. Immer nur Steckrüben, in allen Formen und Varianten. Als Brot, als Kuchen, als Auflauf, sogar als Kaffeeersatz, als „Schnitzel", als Reibekuchen, in Suppe, als Brei … Es ist unglaublich, was Großmutter alles aus diesen Steckrüben machen kann. Und ich kann nur immer wieder sagen, dass wir hier noch Glück haben und nicht so viel Hunger erleiden müssen wie die Leute in den Städten, die sich ihre Rationen auch noch selber bei den Landwirten abholen sollen. Wie sollen die denn alle paar Tage aufs Land kommen? Inzwischen ist jeglicher Straßenverkehr zum Erliegen ge-

kommen; es gibt keine Straßenbahnen mehr, Züge fahren nur unregelmäßig, man hat das Gefühl, alles versinkt in einem heillosen Chaos. Zu Hunderten verhungern und erfrieren die Menschen auf den Straßen; die Leute stecken sich alles in den Mund, was ihnen irgendwie essbar erscheint. Letzte Woche haben sich einige über einen gerade erfrorenen Hund hergemacht und sich die Stücke aus den Händen gerissen. Dieser Hunger macht die Menschen zu Tieren, so scheint es mir, wenn ich den Erzählungen unserer Mutter lausche, wenn sie uns besuchen kommt. Auch Mutter und Vater werden immer dünner, immer weniger.
Ich versuche, nicht zu jammern und zu klagen. Ich denke an Dich und weiß, dass Du es immer noch schwerer hast als ich. Aber der Hunger treibt einen manchmal in den Wahnsinn. Und die Steckrüben auch. Dieser Geruch …
Wenn man nicht so einen Hunger hätte, würde man diese Steckrüben nicht mehr runterkriegen, aber so schlingst Du das Zeug in Dich rein und kannst es nicht fassen, dass nach kurzer Zeit der Teller und die Schüssel schon wieder leer sind. Für jeden ist genau berechnet, wie viele Steckrüben er pro Tag und Woche bekommt, und es ist einfach viel zu wenig. Ich glaube, die Regierung weiß auch nicht weiter. Mutter erzählt, dass es in den Städten immer öfter zu Hungerstreiks kommt. Die Leute versammeln sich auf den Straßen und protestieren lauthals. Sie wollen ein Ende des Krieges. Sie wollen Frieden und wieder genug zu essen haben. Mir kommt ganz Deutschland wie ein einziges, riesenhaftes Tier vor, das gierig und hungrig sein Maul aufsperrt.
Der Krieg an sich, ein Sieg über Russland oder Frankreich, die Eroberung von Land – das alles ist nicht mehr wichtig.

Die Menschen interessiert nur noch, wie sie wieder satt werden, wie sie überleben können.

Bis zum Frühling ist es noch so lange hin – wie sollen wir das schaffen? Für viele wird es dann zu spät sein!

Wie geht es euch wohl an der Front? Bist Du gesund und unverletzt? Wie steht es mit dem Hunger bei euch?

Dieses Jahr werde ich 17; sollte der Krieg noch länger dauern, werde ich wohl doch noch eingezogen. Du weißt, wie ich darüber denke. Dann könnte ich endlich auch was tun.
Bleib behütet.

Dein

Friedrich

14. März 1917

Lieber Hans,

es wird immer schlimmer, das Monster Krieg hat uns immer fester im Griff und zieht seine Schlinge zu. Zu den Schrecken, die uns der Hunger beschert, kommen nun noch die Kriegsversehrten, die verstümmelt und entstellt wieder nach Hause kommen. Viele sehen so schrecklich aus, dass man gar nicht hinsehen kann. Ihnen fehlen Arme oder Beine – oder beides. Das halbe Gesicht ist weg oder sie sind total vernarbt. Andere laufen zitternd oder wackelnd durch die Straßen, brabbeln irgendwas vor sich hin und scheinen nichts mehr wahrzunehmen. Es ist so unheimlich, ihnen zu begegnen. Kinder laufen schreiend davon, wenn sie so einem Kriegsversehrten aus Versehen über den Weg laufen. Das Leben ist zu einem Alptraum geworden.
Außerdem kommen nun seit Anfang des Jahres auch Kriegsgefangene dazu, die den Bauern auf den Höfen helfen sollen. Die Großeltern haben zwei Kriegsgefangene zugeteilt bekommen. Sie kommen aus Polen. Du kannst Dir vielleicht vorstellen, was das zuvor für eine Aufregung war – vor allem

für Großmutter! Als die beiden, Karol und Jakub, dann eines Morgens bei uns auf dem Hof auftauchten, fiel allerdings auch unserer Großmutter nichts mehr ein. Völlig abgemagert und zerlumpt, verängstigt und mit großen Augen standen sie vor uns. „Guten Morgen", sagte der eine von ihnen in gebrochenem Deutsch, „wir hier arbeiten." Wir waren gerade vom Melken aus dem Stall gekommen und hatten unsere Milcheimer in der Hand. Wir starrten die beiden an und waren fassungslos darüber, in welchem Zustand sie sich befanden. Aber Du weißt ja, Großmutter war immer schon eine tatkräftige Frau. Erst schüttelte sie entsetzt den Kopf, dann seufzte sie tief, lotste Karol und Jakub in unsere Küche und gab jedem ein Glas warme Milch. Sie waren völlig entkräftet und sie zitterten vor Kälte und wahrscheinlich auch aus Angst. So saßen wir eine ganze Weile zusammen um den Küchentisch und ich konnte nicht anders, als die beiden immer nur anzustarren. Sie waren kaum älter als ich, hatten für ihr Land gekämpft und waren jetzt so weit weg von zu Hause und hatten keine Ahnung, was sie noch alles erwarten würde.

„Arme Teufel", murmelte Großvater, „mit so was kann man ja keinen Krieg gewinnen!"

So gehören sie jetzt zu uns auf den Hof. Zu essen sollen wir ihnen gar nichts geben, aber wir können sie doch nicht weiter arbeiten lassen, während wir unsere Steckrüben essen! Also füttern wir sie auch noch mit durch und sie sind so dankbar, Hans, das kannst Du Dir kaum vorstellen! Ich habe das Gefühl, sie arbeiten sogar gerne bei uns auf dem Hof und manchmal höre ich sie sogar lachen. Auch unsere Großeltern haben sich mit ihnen gut arrangiert.

Und weißt Du, was mir da als Gedanke kam? Jetzt haben sie ja Karol und Jakub, jetzt bin ich doch abkömmlich, jetzt brauchen sie mich nicht mehr so unbedingt auf dem Hof! Nun könnte ich ja vielleicht doch an die Front!
Ich weiß, du hältst mich für verrückt, aber mein Wunsch, auch in den Krieg zu ziehen, um diesem ganzen Gräuel endlich ein Ende zu setzen, wird immer größer. Man muss doch was tun! Andere aus meiner Klasse wollen auch an die Front; Eberhardt hat schon unseren Lehrer gefragt, er möchte nun erreichen, dass auch wir eingezogen werden.
Wer weiß, Hans, vielleicht können wir uns wiedersehen? Hand in Hand kämpfen? Unsere Eltern wären stolz auf uns! Jetzt im Winter gibt es nicht so viel zu tun auf dem Hof. Viele Tiere mussten die Großeltern schlachten – zur Freude vieler, weil es dann endlich wieder mal Fleisch gab! Manchmal darf ich für ein paar Tage nach Hause fahren. Bei den Eltern in der Stadt ist es aber auch nicht besser. Naja, von dem Hunger, dem Elend und den vielen Verhungernden habe ich Dir ja erzählt. Ich gehe, wenn ich zu Hause bin, zwar zur Schule, aber auch da herrscht eine gewisse Ziellosigkeit. Es weiß einfach keiner, wie es weitergehen wird. Viele Lehrer sind nicht mehr da, weil sie in den Krieg gezogen sind. Warum sollte gerade ich nicht auch gehen? Soll man mich feige und verweichlicht nennen? Ich würde schon auf mich aufpassen, Hans, ganz bestimmt! Und durch Deine Erzählungen weiß ich ja, worauf ich mich einlasse! Viele meiner Kameraden wollen an die Front und erste Vorbereitungen werden auch schon getroffen. Aber sag den Eltern nichts davon! Ich weiß ja noch gar nicht, wann es so weit sein wird, und ich will sie nicht schon zu früh beunruhigen.

Aber wirst Du denn nicht bald mal wieder Urlaub bekommen? Du bist schon so lange nicht mehr hier gewesen. Und wenn Du dann wieder zurück an die Front musst … fahre ich mit!

Schreib mir schnell zurück, Hans, ich kann es vor lauter Ungeduld nicht mehr aushalten!

Dein

Friedrich

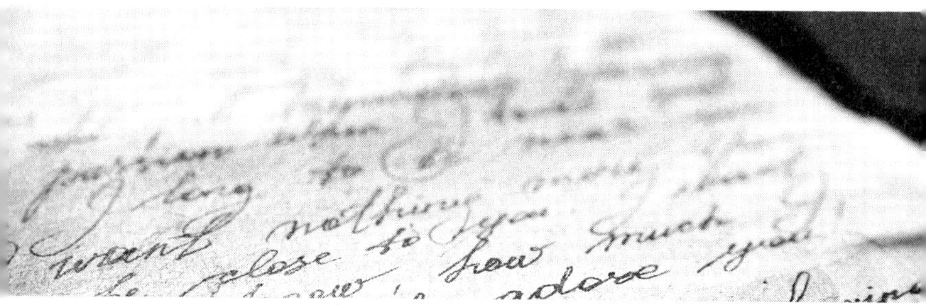

31. März 1917

Friedrich,

was fantasierst Du Dir da nur zusammen? Ich will davon nichts hören und kann Dir nur immer wieder versichern: Du weißt nicht, wovon Du sprichst! Du hast keine Ahnung von der Angst, die einen anfällt wie ein räudiger Fuchs, die einem den Atem nimmt, die Dich Dinge tun lässt, die Du nie für möglich gehalten hättest. Du hast keine Ahnung vom Leben im Krieg – hier bei der Artillerie, wo Dir die Detonationen schier den Leib zerreißen wollen, oder in der Todeszone, wo Du tagelang in Granattrichtern hockst und Dir in die Hose scheißen musst, weil Du keine Gelegenheit hast, eine Latrine aufzusuchen; wo immer wieder neue Leichenteile neben Dir auftauchen, wenn eine Granate in der Nähe explodiert ist. Wo die Schreie der Verwundeten kein Ende nehmen, wo Ratten an Deinen toten Kameraden herumknabbern, wo sich der faule, süßliche Gestank der Verwesung über alles breitet wie eine schwere, undurchdringliche Decke. Du weißt nichts davon und ich bete jeden Tag zu Gott, dem Allmächtigen, dass er es verhindern möge, Dich auch hierher zu schicken.

Ich kann mir ein Leben ohne Krieg nicht mehr vorstellen. Wie soll ein Leben danach aussehen? Wie soll es zu Frieden kommen? Und wie soll es dann weitergehen? Und das Schlimmste ist: Ich kann mir MICH nicht mehr im Frieden vorstellen. Was soll ich da tun, Friedrich? Was ist dann meine

Aufgabe? Ich habe nichts anderes gelernt, ich kann nur kämpfen, töten, gehorchen und bestenfalls überleben. Ein Hans in einer friedlichen Welt? Gar ein „Hans im Glück", wie es im Märchen heißt? Unvorstellbar. Vor dem Krieg habe ich nach wie vor Angst, aber vor dem Frieden fürchte ich mich auch.

Bleib zu Hause, Friedrich, so lange Du kannst. Seht zu, dass ihr daheim überlebt – das ist ja nach Deinen Schilderungen auch nicht gerade ein Zuckerschlecken.
Meine Zeit hier bei der Artillerie ist übrigens in einigen Tagen wieder zu Ende. Hemsch hat mir und meinen Kameraden mitgeteilt, dass wir wieder an die Front müssen; dort wird jeder erfahrene Mann gebraucht. Ja, erfahren sind wir mittlerweile – nach 2 ½ Jahren Krieg …
Heimaturlaub – ich glaube nicht, dass das möglich ist. Aber sicher, fragen kann ich mal.

Grüß die Eltern und die Großeltern von mir. Ich schreibe bald wieder.

Hans

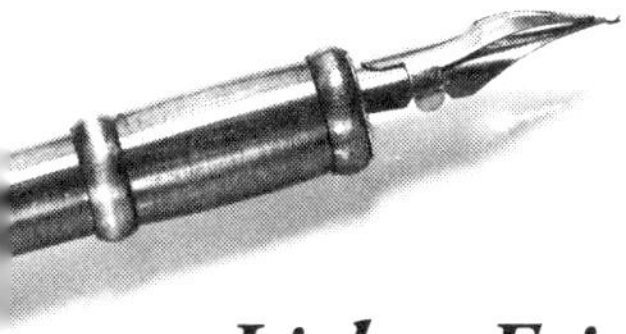

15. April 1917

Lieber Friedrich,

von Hemsch haben wir erfahren, dass in Russland eine Revolution ausgebrochen ist und der Zar abdanken musste. Außerdem hat Amerika Deutschland den Krieg erklärt.
Ich bin gerade auf dem Weg in die Champagne; mehrere Armeen wurden neu gebildet und zusammengeschlossen, um dem französischen Heer gestärkt entgegentreten zu können. Wird das nun die Wende, der Paukenschlag, auf den alle warten und hoffen? Schaffen wir es endlich, die Franzosen zu schlagen? Ich bin hin- und hergerissen zwischen Hoffen und Bangen, aber wenigstens ist meine Kriegsmüdigkeit verflogen. Wir alle sind voller Tatendrang und haben den Wunsch, endlich den großen Durchbruch zu schaffen.

Die Reise ist anstrengend, das Wetter ist grässlich, außer dünner Suppe und pappigem Brot kriegen wir kaum etwas zu essen. Aber ich sehe trotzdem zuversichtlich in die Zukunft. Bald hat dieses Elend ein Ende, ganz bestimmt! Ich schreibe bald wieder!

Es grüßt Dich und die Eltern herzlich

Dein

Hans

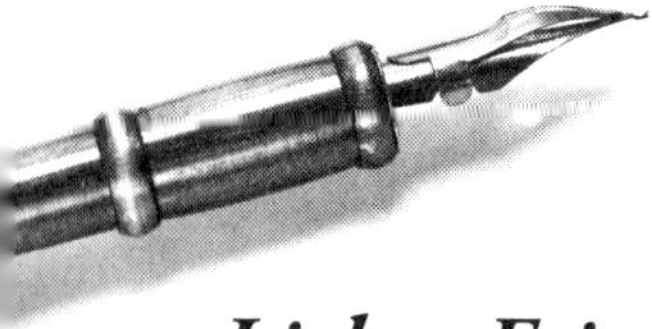

26. April 1917

Lieber Friedrich,

die Stunden vergehen und ich merke nichts davon. Die Tage verschwimmen in einem eintönigen Dröhnen in meinem Kopf. Seit wann liege ich hier schon? Ich kann es Dir nicht sagen. Aber zum Glück geht es mir wieder so gut, dass ich um Papier und Bleistift bitten konnte, um Dir zu schreiben und zu erzählen, was ich in den letzten Tagen erlebt habe. Ich habe Henri wiedergesehen! Ich habe ihn tatsächlich wiedergesehen, und doch war das Wiedersehen nicht so, wie ich es mir gewünscht habe. Aber ich versuche es mal der Reihe nach:

Die Kämpfe in der Champagne waren unglaublich heftig. Nach tagelangem Trommelfeuer auf beiden Seiten ging es Schlag auf Schlag: Es hagelte geradezu von Granaten, die metertiefe und große Löcher in die weiche Erde rissen. Meine Kompanie rannte gerade einen Hügel hinab, direkt auf den Feind zu, als direkt vor uns eine Granate aufschlug und explodierte. Einige von uns zerriss es in Stücke, andere wurden – wie ich – verletzt und mussten in verschiedenen Granattrichtern Zuflucht suchen. Zunächst war ich nur heilfroh, überlebt zu haben, doch schließlich merkte ich, dass ich am Bauch verletzt war und große Schmerzen hatte. Meine Uniform war schnell von meinem Blut durchtränkt und ich versuchte, das Verbandszeug aus meinem Tornister zu holen, um mich zu verbinden. Ich war so mit mir selber beschäftigt, dass ich erst nicht merkte, dass ich nicht alleine in dem Trichter lag. Keine fünf Meter weiter lag noch ein Soldat, und erst, nachdem der Staub sich etwas gelegt hatte, konnte ich erkennen, dass es ein Franzose war. Sofort war ich in Alarmbereitschaft. War er bewaffnet? Konnte er mir gefährlich werden? Aber ich merkte schnell, dass von ihm keinerlei Gefahr ausging. Er war nicht nur unbewaffnet, sondern offensichtlich auch schwer verletzt. Er lag in einer völlig absurden Körperhaltung da und gab zunächst keinen Laut von sich. Ob er tot war? Nachdem ich mich, so gut es eben ging, selbst versorgt und verarztet hatte, rutschte ich zu ihm hinüber. Es war wieder einmal eine Situation, Friedrich, die so irreal war, dass man hätte wahnsinnig werden können. Die Luft flirrte vom Dröhnen der Kanonen und Granaten, man hatte das Gefühl, die Welt um uns herum ginge unter, und ich lag hier mit einem fremden Soldaten. „Hallo?" fragte ich laut. Dann war ich neben ihm und versuchte, ihn zu mir umzudrehen. Er stöhnte und wandte den Kopf. Da erkannte ich ihn.

Es war Henri, mein Freund Henri, den ich die ganze Zeit über nicht hatte vergessen können! „Henri!", rief ich aufgeregt. „Henri, hörst du mich? Ich bin es, Hans aus Deutschland! Weißt du noch, wie wir damals an Weihnachten Fußball gespielt haben?" Da öffnete er die Augen und sah mich an. Er hatte mich erkannt! Ach, Friedrich, ich habe mich so gefreut, das kann ich Dir gar nicht sagen. „Hans?", fragte er, und natürlich klang es wie „'ans", weil er kein „h" sprechen konnte. „Ja", sagte ich freudestrahlend, „ich bin es. Ich bin so froh, dich zu sehen!" Aber er schien mich gar nicht mehr zu hören. Seine Augen wirkten glasig, sein Blick glitt in die Ferne. Er hob die Arme und schwenkte sie langsam hin und her. Dann fing er an zu singen. Die Weihnachtslieder, die wir damals gesungen hatten. Meine anfängliche Freude verwandelte sich in bodenlose Angst. Was war los mit ihm? Sollte er etwa sterben? Jetzt, wo ich ihn gefunden hatte? „Henri, was ist mit Dir?", fragte ich, aber er sang nur immer weiter und lachte zwischendurch leise vor sich hin. Er hatte keine Angst, er hörte den Lärm nicht, er wusste gar nicht, wo er war. Da bin ich so wütend geworden, Friedrich, das kann ich Dir gar nicht sagen! Dieser ganze verdammte Krieg war schuld, dass Henri jetzt hier so lag und ganz offensichtlich den Verstand verloren hatte, ich konnte ihn nicht mehr erreichen, jetzt, wo ich ihn endlich wiedergefunden hatte. Ich verlor die Beherrschung und schrie ihn an: „Henri, hör mir jetzt zu!" und schüttelte ihn grob am Arm. Das hätte ich nicht tun sollen, denn sofort fing er an zu schreien. Ich ließ ihn los und vergrub weinend meinen Kopf in den Armen. Ja, Friedrich, ich weinte wie ein kleines Kind und hatte das Gefühl, nie mehr aufhören zu können. Allmählich ließ sein Schreien nach und er wurde wieder ruhiger. „'ans?", fragte er schließlich und berührte mich am Arm. Ich hob den Kopf und sah ihn an. „Ja, Henri, ich bin hier. Es tut mir so leid, ich hätte Dich nicht schütteln dürfen. Hast Du große Schmerzen? Soll ich Dich verbinden? Soll ich mal sehen, was ich für Dich tun kann?" Er schüttelte nur langsam den Kopf. „Nein, 'ans, es geht nicht. Ich bin verloren. Es hat ein Ende mit mir, das merke ich." Ich wollte protestieren und sagte: „Nein, nein, wir müssen nachher nur dafür sorgen, dass Du Hilfe kriegst, dann wirst Du wieder gesund." Aber Henri schüttelte wieder nur den Kopf. Dann rückte er mit schmerz-

verzerrtem Gesicht noch näher an mich ran und keuchte: „Aber es gibt etwas, das Du für mich tun kannst. Warte …" Er griff langsam in seine Uniform und versuchte, etwas herauszuholen. Es dauerte lange, weil er seine Arme nicht mehr richtig bewegen konnte. Schließlich hatte er es unter viel Stöhnen geschafft und zog eine kleine Spieluhr aus der Innentasche seiner Uniform. „Hier … diese Spieluhr hat mir meine Mutter gegeben, als ich in den Krieg zog. Sie sollte mich immer begleiten und mir mein Heimweh nehmen. Hier, hör mal …" Er klappte den Deckel hoch und als ich mein Ohr ganz dicht daran hielt, konnte ich die Melodie von „Frère Jaques" hören. Erneut kamen mir die Tränen und liefen unaufhörlich meine Wangen runter. „Kannst du die Spieluhr meiner Mutter zurückbringen? Ich werde es nicht mehr schaffen. Aber du …" Er sah mich gehetzt an. Plötzlich schien er es eilig zu haben. „… du kannst sie ihr bringen, oder?" Und es war sehr wichtig für ihn, das merkte ich. Wieder griff er meinen Arm und zerrte daran. Sein Blick wirkte jetzt völlig wirr und verloren. „'ans, du musst mir versprechen … Mutter muss sie wiederhaben, verstehst du? Sie kennt sonst das Lied nicht mehr … und das geht doch nicht … jeder muss es kennen … 'ans … kannst du ihr die Spieluhr bringen?" Er griff nach meinem Arm und nannte mir mehrmals ihre Adresse.
Dann fing er unvermittelt an, das Lied zu singen. Er war total wahnsinnig geworden, Friedrich, es war so unheimlich und beängstigend. Selten habe ich mich so einsam und hilflos gefühlt wie in diesem Augenblick. Was hätte ich tun sollen? Ich konnte ihm doch diesen letzten Wunsch nicht abschlagen! Also versprach ich ihm, die Spieluhr seiner Mutter

zu bringen. „Nach dem Krieg, ja?", sagte ich noch, aber das hörte er, glaube ich, nicht mehr. Sein grausiger Gesang wurde immer leiser, bis er in ein unverständliches Murmeln überging und schließlich ganz erstarb. Dann verlor er das Bewusstsein und kurz danach war er tot. Ich starrte erst ihn an, dann die Spieluhr. In dem Moment war ich fest entschlossen, dass ich die Spieluhr Henris Mutter bringe. Ich musste nur erst einmal selber wieder gesund werden. Jetzt, wo Henri tot war, merkte ich erst, wie stark meine eigenen Schmerzen waren. Mein ganzer Bauch brannte wie wahnsinnig. Mir war klar, dass auch ich dringend Hilfe brauchte. Schließlich verlor ich ebenfalls das Bewusstsein und wurde erst wieder wach, als ich hier im Lazarett lag. Als mir die letzte Stunde mit Henri wieder einfiel, kam sie mir wie ein Traum vor. War das alles wirklich passiert oder hatte ich mir da was zusammenfantasiert? Als ich dann auf meine Hände blickte, sah ich, dass es kein Traum gewesen war. In meiner rechten Hand hielt ich die Spieluhr, die Henri mir gegeben hatte, fest umklammert.

Lieber Friedrich, glaube nicht, dass ich Dir all das hintereinander aufgeschrieben habe. Viele Pausen von Stunden oder Tagen musste ich machen, weil ich zu müde und erschöpft wäre, um so viel auf einmal zu schreiben. Auch die Schmerzen sind manchmal kaum auszuhalten. Man hat mich operiert und mir einen großen Granatsplitter aus dem Bauch rausgeholt. Nun müssen wir warten, bis die Wunde heilt und hoffen, dass es sich nicht entzündet. Sobald ich wieder einigermaßen auf dem Damm bin, komme ich nach Hause. Und wer weiß, vielleicht brauche ich danach gar

nicht mehr in den Krieg zurückzukehren, weil er dann endlich vorbei ist?
Nun ist es schon wieder einen Tag später. Ich habe etwas Fieber, aber Schwester Astrid, die hier für uns sorgt, meint, es wird alles gut werden. Sie will diesen Brief morgen zur Poststelle bringen. Sie hat mir auch geraten, die Spieluhr dazuzulegen, damit Du sie aufbewahren kannst, bis ich auch wieder daheim bin. Hier geht sie ja vielleicht verloren oder jemand klaut sie mir, weil sie so eine schöne Melodie spielt. Leg sie am besten in Vaters Schreibtischschublade zusammen mit der Adresse, die ich Dir hier aufschreibe.

Es wird Abend, von ferne hören wir das Grollen und Dröhnen der Artillerie. Mir ist so heiß, und ich bin so müde, Friedrich. Ich glaube, ich muss diesen Brief beenden und Schwester Astrid geben, damit sie ihn dann morgen zusammen mit der Spieluhr abschicken kann. Pass gut auf die Spieluhr auf, ja? Sie spielt so schön …
Bald komme ich nach Hause, Friedrich. Wenn das Fieber weg ist, bin ich wieder bei euch. Jetzt muss ich schlafen.

Es grüßt Dich und die Eltern

Dein

Hans

6. Armee, Champagne, 3. Mai 1917

Sehr geehrter Herr Baermann,

Ich habe die schwere Pflicht, Ihnen mitzuteilen, dass Ihr lieber Sohn Hans Baermann im Laufe des 2. Mai 1917 in unserem Lazarett verstorben ist.
Er war vorletzte Woche mit einer schweren Verletzung - hervorgerufen durch einen grossen Granatsplitter - hier eingewiesen worden. Nach der Operation, bei der der Splitter vollstaendig entfernt werden konnte, ging es ihm zunaechst gut und er erholte sich ein wenig.
Dann jedoch liess sich eine Ausbreitung des Wundbrandes im gesamten Bauchbereich und ein damit einhergehendes hohes Fieber nicht vermeiden, sodass er am 2. Mai doch seinen Verletzungen erlegen ist.
Pfleger und Aerzte taten alles, was in ihrer Macht stand, um Ihnen diesen schweren Verlust zu ersparen. Aber seine Verletzungen waren zu schwer.
Seien Sie unseres Mitgefuehls versichert, die wir selbst meist Vaeter sind, und von denen der Kampf um Deutschlands Freiheit jederzeit dasselbe Opfer fordern kann.

Ich spreche Ihnen im Namen seiner Kameraden mein herzlichstes Beileid zu diesem schweren Verlust aus. Die Kompanie, die einen ihrer besten Soldaten und einen allseitig beliebten Kameraden verloren hat, wird ihrem Sohn Hans Baermann stets ein ehrendes Gedenken bewahren.
Moegen Sie Trost und Kraft in der Gewissheit finden, dass Ihr Sohn als tapferer Soldat in hoechster Pflichterfuellung sein junges Leben in dem gewaltigen Ringen fuer Volk und Vaterland dahingegeben hat.
Mag es Ihnen ein Trost sein, dass der Tod Ihres lieben Sohnes fuer Deutschlands Groesse dereinst nicht umsonst gewesen sein wird.
Ihre Trauer werde erhellt durch den Stolz auf diesen Sohn!

In aufrichtiger Anteilnahme gruesst Sie
Kompaniefuehrer Werner Mueller

Im Mai 1917

Es war dunkel geworden. Nur der Schein der Wohnzimmerlampe, die der Vater irgendwann eingeschaltet hatte, umgab sie. Eigentlich hatte die Mutter gar nicht vorgehabt, alle Briefe auf einmal zu lesen, und zwischendurch hatten sie auch kleine Pausen gemacht. Aber sie alle waren so fasziniert von diesen Briefen, dass sie sie dann doch bis zum letzten Brief gelesen hatten. Nachdem die Mutter geendet hatte, schwiegen alle eine Weile. Schließlich nahm Tom die Spieluhr in die Hand, öffnete den kleinen Deckel und sie hörten die Melodie von „Frère Jaques".

„Ist schon Wahnsinn, wenn man bedenkt, wie alt das Ding ist und wo es herkommt. Aber schade ist es doch, dass Henris Mutter die Uhr offensichtlich nie erhalten hat."

„Ja, das finde ich auch", stimmte ihm seine Mutter zu. „Aber ob es ein großer Trost für sie gewesen wäre? Stell dir vor, du lässt deinen Sohn in den Krieg ziehen und gibst ihm diese Spieluhr mit, und dann kommt nur die Spieluhr zurück. Aber sie hätte ein Andenken an ihn gehabt, das stimmt schon."

„Der Krieg hat so lange gedauert!" Sophias Stimme klang fast ein bisschen gequält. „Über vier Jahre! Und gebracht hat er ja so gut wie nichts, wenn man liest, was Hans in seinen Briefen so schreibt."

„Ja, es ist wirklich kaum vorstellbar," meinte Sophias Vater, „aber als der Krieg zu Ende war, konnte man erkennen, dass sich am Frontverlauf – vor allem in Frankreich – kaum etwas geändert hatte. Dass trotzdem insgesamt über 17 Millionen Menschen im Ersten Weltkrieg gestorben sind, ist da irgendwie besonders bitter.

Als seien sie alle ganz umsonst gestorben."
„Am schlimmsten fand ich die Stelle, wo Hans erzählt, wie sein Freund Hubert stirbt", Sophia schüttelte ungläubig den Kopf. „Man kann sich gar nicht vorstellen, wie grausam das gewesen sein muss. Dass Hans da fast verrückt geworden ist, kann ich gut verstehen!"
„Wie es wohl mit dieser Berta Hedwig weitergegangen ist? Das war ja auch eine Story!" Tom musste grinsen. „Ein uneheliches Kind war damals wohl ein größeres Problem als heute!"
„Das kannst du wohl laut sagen!", rief seine Mutter. „Und wer weiß, ob es nicht doch Hans' Kind war. Es gab ja noch keine Schwangerschaftstests, und so genauere Berechnungen waren für unaufgeklärte junge Mädchen auch ein Fremdwort. Ich finde, die Vermutung liegt nahe, dass Berta es eigentlich gar nicht mit Sicherheit sagen konnte, wer von beiden der richtige Vater war. Und sie hatte großes Glück, dass der andere sich zu ihr bekannt hat, wie man dann so schön sagt. Von der Gleichberechtigung der Frau war man damals noch sehr weit entfernt." Sie streckte sich und nahm ein paar Chips, die sie zwischendurch aus dem Schrank geholt hatte. „Natürlich haben die Frauen damals Männerberufe ergriffen und waren bestimmt auch erfolgreich, aber das geschah ja nur aus der Not heraus und nicht, weil irgendjemand wollte, dass Frauen arbeiten. Frauen hatten zu heiraten, Kinder zu kriegen und den Haushalt zu führen. Die Mutter von Hans und Friedrich ging ja auch nicht arbeiten. Sie hatte es zum Glück nicht nötig, da ihr Mann als Leiter einer Volksschule ein gutes Einkommen hatte."

„Wie ging es denn dann weiter?", fragte Sophia. „Hans ist im Frühjahr 1917 gestorben, aber der Krieg endete ja erst Ende 1918! Was ist in der Zwischenzeit noch alles passiert?"
Ihr Vater lächelte. „Ehrlich gesagt kann ich dir das auch nicht so genau sagen", gestand er. „Es wurde immer deutlicher, dass Deutschland keine Chance hatte, den Krieg noch zu gewinnen, da ging gar nichts mehr. Die Hungerstreiks wurden immer häufiger, die Soldaten der Marine gingen auf die Barrikaden und weigerten sich irgendwann einfach, die Befehle auszuführen. Die Schlachten wurden immer aussichtsloser und die ganze Situation wahrscheinlich auch immer skurriler."
„Aber erst im November 1918 gab Deutschland zu, dass es den Krieg verloren hatte", erzählte die Mutter weiter. „Also anderthalb Jahre, nachdem Hans gestorben war. Im März 1918 schloss Deutschland zwar einen Friedensvertrag mit Russland, aber da man die Friedensbemühungen der USA in den Wind geschlagen hatte, gab es an der Westfront weiterhin erbitterte und sinnlose Kämpfe."
Tom nahm den Brief des Kompaniechefs und betrachtete ihn kopfschüttelnd. „Was für ein Wahnsinn das alles!" Er blickte hoch. „Aber der Kaiser musste abdanken, oder? So viel weiß ich dann doch." Er grinste und sein Vater schmunzelte. „Ja, das stimmt, Kaiser Wilhelm II. musste abdanken und es wurde eine deutsche Republik ausgerufen, die Weimarer Republik. Erst dann schwiegen die Waffen." Er seufzte und streckte sich. „Mann, ist das spät geworden! Sind noch Chips da?" Er angelte nach der Tüte und nahm sich eine Handvoll.

Auch Sophia griff beherzt zu. „Ich hab vielleicht Hunger!“, rief sie und stopfte sich den Mund voll.
„Wie erging es der Familie wohl **nach** dem Krieg?“, überlegte Tom. „Hans war tot, Friedrich arbeitete bei den Großeltern auf dem Hof – für die Eltern muss das doch alles total schrecklich gewesen sein!“
„Ja“, meinte sein Vater, „was ich auch schlimm finde, ist, dass die Familie ihren Hans so einfach verloren hatte. Da gab es kein Abschiednehmen, keine Beerdigung, keinen Grabstein. Er war einfach weg. Eigentlich ein bisschen wie Hans' Freund Hubert. Einfach weg.“
„Stimmt“, bestätigte Annette, „das war wohl für hunderttausende Familien ein großes Problem. Deswegen gab es nur ein paar Jahre später den sogenannten Schlachtfeldtourismus. Familien, die einen Angehörigen an der Front verloren hatten, durften einmal kostenlos dorthin reisen, wo derjenige gestorben war. Das stelle ich mir auf der einen Seite grausam vor, aber auf der anderen Seite war es für diese Menschen wahrscheinlich auch sehr wichtig, an den Ort des Geschehens zu kommen. Um zu sehen. Um zu begreifen – so schrecklich diese Erkenntnis auch gewesen sein mochte. Aber so konnten sie vielleicht Abschied nehmen und den Tatsachen ins Auge blicken.“
„Und zwei Jahrzehnte später gab es schon wieder Krieg!“ Tom wirkte wütend. „Wie kann das sein? Hatten die denn nichts gelernt?!“
„Wie hat es Hans in einem Brief geschrieben? ‚Ich habe nichts anderes gelernt, ich kann nur kämpfen‘“, gab der Vater zu bedenken. „Und dann muss man sich wahrscheinlich schon die Frage stellen: Wie wachsen solche

Menschen auf? Was haben sie für ein Weltbild? Was für Vorbilder? Das ist alles eine hochkomplizierte und sehr komplexe Geschichte …"
Sophia musste gähnen. „Das ist mir jetzt alles zu hoch, ich kann nicht mehr."
Ihre Mutter lachte und streckte sich. „Ja, lassen wir es für heute gut sein. Es wird Zeit, ins Bett zu gehen."
„Aber was machen wir mit der Spieluhr?", fragte Sophia. „Die können wir doch nicht einfach wieder in die Holzkiste legen! Dafür wäre sie zu schade." Sie nahm sie in die Hand, öffnete den Deckel und ließ die Melodie erklingen.
„Wir können sie doch hier in die Glasvitrine zu unseren anderen Familienschätzen legen", schlug ihre Mutter vor. „Da ist sie geschützt und wir können sie ab und zu spielen lassen, wenn wir Lust haben."
„Ja, das finde ich eine gute Idee." Sophia stand auf und ging mit der Spieluhr zur Vitrine. Sie öffnete die Glastür und legte die Spieluhr auf das obere dunkelbraune Holzbrett – neben alte Familienfotos und kleine Sammeltassen. „So, ich denke, hier ist sie gut aufgehoben", sagte sie zufrieden und schloss die Tür wieder. „Ich finde es schön, dass sie nun nach über hundert Jahren doch noch einen passenden Platz gefunden hat!"

* * *

„Ach Mensch, Sophia, pass doch auf!" Tom versuchte noch, die Kiste mit Pflanzen aufzuhalten, aber es war zu

spät. Als Sophia die Heckklappe des Autos geöffnet hatte, war die Kiste mit allen Pflanzen ins Rutschen gekommen. Nun lag alles auf dem Parkplatz vor dem Friedhof.
„Sorry", rief Sophia genervt, „woher soll ich wissen, dass mir die blöde Kiste gleich entgegenkommt!" Sie bückte sich und begann, die Pflanzen und die Erde wieder in die Kiste zu packen.
„Was ist denn los?" Annette kam um das Auto herum. Als sie die Bescherung sah, schüttelte sie den Kopf. „Das kommt davon, wenn man so viel einkauft, dass nichts mehr in den Kofferraum passt!"
Tom grinste: „An einem Samstag sollte man gewisse Möbelhäuser eben meiden …!"
„Sehr witzig", Sophia blickte hoch, „hilf mir lieber, damit wir heute irgendwann noch mal nach Hause kommen."
„Jaja, ist ja schon gut", lenkte Tom ein. Er ging auch in die Hocke, nahm mit den Händen die Erde auf und schaufelte sie wieder in die Kiste zurück. Schließlich hatten sie es geschafft und der Boden hinter ihrem Auto war wieder einigermaßen sauber. Tom nahm die Kiste und ging zusammen mit seiner Mutter und Sophia auf den Friedhof. Nachdem sie nun mehrere Stunden in verschiedenen Klamottenläden und Möbelhäusern verbracht hatten, wollte die Mutter gerne noch das Grab von Uropa Heinrich besuchen. In einem Blumenladen ganz in der Nähe hatten sie verschiedene Blumen und Gewächse besorgt, die auch den Winter über auf der Grabstelle bleiben konnten. Sie entfernten die Kränze und Gestecke, die noch immer auf dem Grabhügel lagen, und setzten ihre Pflanzen in die Erde.

Bis zum Frühjahr würde sich der Hügel eingesenkt haben, dann konnten sie wieder neue Blumen pflanzen. Nach getaner Arbeit standen sie noch eine Weile vor dem Grab. „Das wäre erledigt“, sagte die Mutter zufrieden und ging, um noch Gießkannen voll Wasser zu holen. Sophia fegte den Gehweg frei und Tom stand mit dem Handfeger in der Hand vor dem Grab und wartete darauf, dass er den Rest an Erde und Pflanzenresten entsorgen konnte. Er dachte an den Tag der Beerdigung, an dem er hier so gelangweilt und genervt gestanden hatte. Plötzlich tat es ihm leid, damals so empfunden zu haben. *Mensch Heinrich,* dachte er, *wenn ich gewusst hätte, was du für ein aufregendes Leben gehabt hast. Als du geboren wurdest, war der Erste Weltkrieg zwar schon lange vorbei, aber du hast den Zweiten Weltkrieg erleben müssen. Was hättest du mir alles erzählen können! Warum habe ich dich nie danach gefragt? Ich hab dich immer nur als alten, anstrengenden Mann gesehen und habe nie daran gedacht, dass du auch mal jung warst, so jung wie ich!* Tom bedauerte es auf einmal zutiefst, sich nicht für das Leben seines Uropas interessiert zu haben. *Ich werde bald 16, so alt wie Friedrich war, als er die Briefe an Hans geschrieben hat. Ob Friedrich seinem Sohn vom Krieg und von Hans erzählt hat? Bestimmt,* gab sich Tom selbst die Antwort. Er hatte ja die Briefe, und so sortiert wie sie waren, hat Heinrich sie bestimmt mehr als einmal gelesen!

„Hey, aufwachen!“ Sophia stieß ihrem Bruder ungeduldig in die Seite. „Ich bin fertig, du kannst jetzt alles auf dein Kehrblech fegen und zum Müll bringen. Da hinten steht eine Tonne.“ Sie zeigte nach links.

„Jaja, reg dich ab“, Tom bückte sich, fegte den kleinen Haufen an Erde und Grünzeug auf die Kehrschaufel und brachte ihn zu der Tonne, auf die Sophia gezeigt hatte.
Ihre Mutter kam mit zwei Kannen voll Wasser zurück und sie begossen die frisch gesetzten Pflanzen mit reichlich Wasser. Bevor sie dann gingen, blieben sie noch einmal vor dem Grab stehen.
Tut mir leid, Uropa Heinrich, dachte Tom für sich, *dass ich so gar nichts mit dir anfangen konnte, als du noch gelebt hast. Aber wenigstens sehe ich dich jetzt im Nachhinein in einem ganz anderen Licht. Du warst Friedrichs Sohn, Mama ist deine Enkelin und ich bin ihr Sohn – also gibt es da schon eine Verbindung von mir zu diesem Ersten Weltkrieg und zu Hans und Friedrich.*
Hundert Jahre ist das alles her. Hundert Jahre!
Und was wird wohl ***in*** *hundert Jahren sein?*

Kriegsverlauf von 1914 bis 1918

28. Juni 1914	Attentat auf den Thronfolger von Österreich-Ungarn Franz Ferdinand und seine Frau Sophie in Sarajevo
Juli / August 1914	Mobilmachungen und Kriegserklärungen von Ländern wie Österreich-Ungarn, Deutschland, Großbritannien, Frankreich und Russland
04. August 1914	Einmarsch der Deutschen in Belgien
20. – 22. August 1914	Schlacht in Lothringen
26. – 30. August 1914	Schlacht bei Tannenberg
05. – 12. September 1914	1. Schlacht an der Marne
November 1914	Nach heftigen Kämpfen und hohen Verlusten auf allen Seiten wird der Bewegungskrieg zum Stellungskrieg.
Weihnachten 1914	Weihnachtswunder: Für einige Tage schweigen die Waffen an vielen Orten der Westfront.
Januar 1915	erste Lebensmittelrationierungen in Deutschland
Februar 1915	Beginn des uneingeschränkten U-Boot-Krieges durch Deutschland
22. April 1915	erstmaliger Einsatz von Giftgas in der Schlacht von Ypern
07. Mai 1915	Zerstörung des britischen Schiffes „Lusitania" durch die deutsche Marine
Mai 1915	Italien tritt in den Krieg ein
September / Oktober 1915	Bulgarien tritt an der Seite der Mittelmächte in den Krieg ein
21. Februar 1916	Beginn der Schlacht um Verdun
31. Mai 1916	Seeschlacht am Skagerrak

Juli – November 1916	Schlacht an der Somme
Dezember 1916	Mittelmächte erobern Rumänien
Februar / März 1917	Revolution in Russland, Zar Nikolaus II. dankt ab
06. April 1917	Amerika erklärt Deutschland den Krieg
Mitte April 1917	Es kommt zu ersten Hungerprotesten in der Bevölkerung.
ab Ende April 1917	Meuterei der französischen Armee nach verlorener französischer Offensive am Chemin des Dames
Juni – November 1917	britische Angriffe in Flandern
08. Januar 1918	Der amerikanische Präsident Wilson erklärt seinen „14-Punkte-Plan“.
Januar 1918	Streiks und Proteste in Deutschland und Österreich-Ungarn
März – Juli 1918	Großoffensive der deutschen Armee in Frankreich, die nicht den gewünschten Erfolg bringt.
August 1918	Vorstoß der Alliierten an der Somme
08. – 11. August 1918	Schlacht bei Amiens: Die Widerstandskraft der deutschen Armee zerbricht („Schwarzer Tag des deutschen Heeres“).
bis November 1918	Die deutsche Armee hält ihre Stellungen trotzdem bei.
Oktober / November 1918	Matrosenaufstand in Kiel
09. November 1918	Der Kaiser dankt ab und verlässt Deutschland für immer. Philip Scheidemann ruft die Deutsche Republik aus.
11. November 1918	Der Waffenstillstandsvertrag wird von Matthias Erzberger unterschrieben.

Glossar

Artillerie: Sie war die dritte Streitkraft eines Landes. Die Artillerie unterstützt vor allem die Infanterie mit Feldkanonen, Haubitzen und Mörsern, die eine Schussweite von 5 000 Metern und mehr hatten, weswegen die Soldaten der Artillerie nicht direkt an der Front kämpfen mussten. Die Geschütze der Artillerie konnten allerdings wegen ihres Gewichts und ihrer mangelnden Beweglichkeit nicht überall eingesetzt werden.

Infanterie: Die Streitkräfte eines Landes wurden unterteilt in das Heer, die Marine und die Luftwaffe. Als Infanterie bezeichnete man die bewaffneten Fußtruppen des Heeres, die im Ersten Weltkrieg eine sehr wichtige Rolle gespielt haben. Der Infanterist war ausgerüstet mit einer Uniform mit Helm und Mantel, einem Spaten, einem tragbaren Zelt und vor allem natürlich mit einem Gewehr und einem Maschinengewehr 08 / 15.

Kavallerie: Die Kavallerie war ebenfalls eine Waffengattung der Landstreitkräfte und bezeichnete die berittenen Soldaten, die also mit Pferden an der Front kämpften. Im Laufe des Krieges verlor die Kavallerie immer mehr an Bedeutung; viele Kavallerie-Divisionen mussten wegen Pferdemangel ihre Arbeit einstellen.

Mobilmachung: Alle Streitkräfte eines Landes wurden für den Krieg gerüstet, vorbereitet und auch zu ihrem jeweiligen Einsatzort gebracht. Ein Wechsel von Frieden in einen Kriegszustand wurde nicht nur bei den Armeen erzeugt, sondern auch bei der Bevölkerung, die sich auf ein verändertes und auf die Kriegserlebnisse zugeschnittenes Leben einrichten musste.

OHL: Oberste **H**eeres**l**eitung, die oberste Kommandogewalt lag offiziell beim deutschen Kaiser Wilhelm II., doch tatsächlich leiteten und organisierten bedeutende Militärs (wie z. B. Helmuth von Moltke und Erich von Falkenhayn) den Beginn und den Verlauf des Krieges. Die OHL war in mehrere verschiedene Abteilungen gegliedert.

Der Aufbau einer Armee

1 Soldat 

2 Soldaten  = 1 Rotte (diente im Ersten Weltkrieg als Wachposten)

2 Rotten  = 1 Glied

2 Glieder  = 1 Gruppe – geführt von einem Unteroffizier (Glieder dienten zur Patrouille oder Seitendeckung.)

mehrere Gruppen = 1 Zug – geführt von einem (Ober-)Leutnant

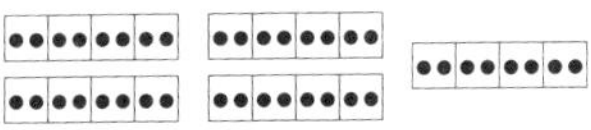

3 Züge 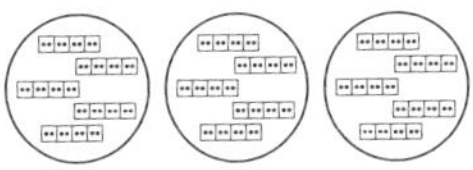 = 1 Kompanie – geführt von einem Kompaniechef (Eine Kompanie ist im Aufbau des Heeres die kleinste Einheit.)

4 Kompanien 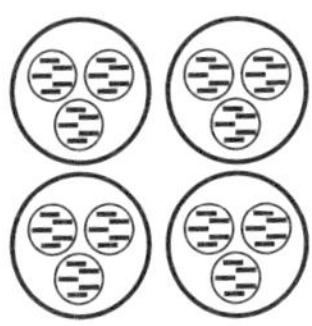 = 1 Bataillon – geführt von einem Bataillonskommandeur

3 Bataillone 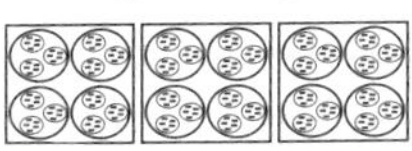 = 1 Regiment

2 (Infanterie-)Regimenter = 1 (Infanterie-)Brigade

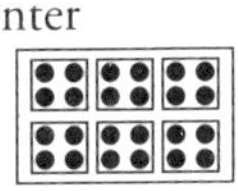

2 (Infanterie-)Brigaden = 1 Division

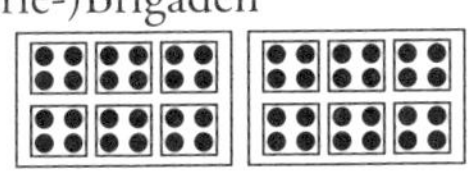

2 Divisionen = 1 Armeekorps – geführt von einem General

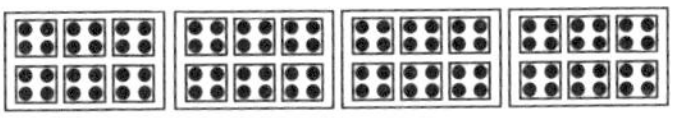

Mehrere Armeekorps ergeben die gesamte Armee eines Landes, zu denen natürlich auch verschiedene Spezialtruppen sowie Verpflegungs- und Versorgungseinheiten gehören.

Susanna Maibaum,
Jahrgang 1972, lebt gemeinsam mit ihrem Mann und ihren drei Kindern in der Nähe von Marburg. Von Beruf ist sie Erzieherin und studiert evangelische Theologie in Marburg. Daneben ist sie auch als Lektorin in der Ev. Kirche von Kurhessen-Waldeck tätig und schreibt Kinder- und Jugendbücher. „Briefe von Hans" ist ihr drittes Buch.

„Mit meinen Geschichten möchte ich auf unterhaltsame Weise Wissen vermitteln und die Kinder und Jugendlichen neugierig machen. Ich möchte erreichen, dass sie nachfragen, weiter forschen, sich in ihrem Wissen weiter entwickeln und offen sind und bleiben Unbekanntem und Neuem gegenüber. Geschichte und Kultur sollen durch meine Bücher lebendig und lebensnah werden."